Smalltalk lernen
&
Manipulations-
Techniken
für
Anfänger

Wie Sie Freunde für sich gewinnen, Menschen lesen und Ihre Kommunikation, Körpersprache & Rhetorik verbessern

Im Beruf und Alltag

MEHR ERFOLG

Inhaltsverzeichnis

Vorwort 1

1. Was ist Smalltalk? 2

2. Die Vorteile von Smalltalk – Warum ist diese Gesprächsform so wichtig? 3

3. Die wichtigsten Grundlagen und Regeln in der Praxis 7

   3.1 7 Tipps für den Smalltalk 15

4. Der Ablauf eines Smalltalk-Gesprächs 19

   4.1 Der Gesprächsanfang – Wie beginne ich ein Gespräch charmant? 19

   4.2 So gelingt der Gesprächsverlauf 24

   4.3 Das Gespräch stilvoll beenden 25

5. Die häufigsten Fehler und No-Gos beim Smalltalk 29

   5.1 Die Fünf No-Go´s beim Smalltalk 31

6. Smalltalk im Berufsleben und Alltag 33

   6.1 Tipps & Tricks – Smalltalk lernen und sicher kommunizieren 33

   6.2 Übungen für erfolgreichen Smalltalk 37

7. Körpersprache und Menschen lesen vor und während des Smalltalks 43

   7.1 Die wichtigsten Gesten und häufigsten Körpersprache Reaktionen 46

8. Was bedeutet Manipulation? 50

   8.1 Wie Sie Manipulation erkennen und abwehren können 51

9. Die wichtigsten Manipulationstechniken, um Freunde und Gesprächspartner für sich zu gewinnen 54

   9.1 Wie bereite ich mich auf ein Gespräch vor? 56

   9.2 Wie leite ich das Gespräch zu meinen Gunsten? 59

   9.3 Die wirkungsvollsten Fragetechniken 65

Schlusswort 71

Vorwort

Dieses Buch behandelt die Themen „Smalltalk lernen" und „Manipulationstechniken für Anfänger". Smalltalk spielt sowohl im beruflichen als auch im privaten Umfeld eine zentrale Rolle. Mit den richtigen Strategien gelingt Ihnen ein müheloser Gesprächseinstieg – auch dann, wenn Ihnen oft die passenden Worte fehlen. Dieses Buch hilft Ihnen dabei, genau das zu ändern.

Ob Auszubildender oder Führungskraft – die Fähigkeit, Smalltalk zu führen, bringt jedem Vorteile. Zwar gibt es bestimmte Regeln zu beachten, doch wenn Sie diese beherrschen, wird Smalltalk zu einem wertvollen Werkzeug in Ihrer Kommunikation.

Sie erfahren, was Smalltalk eigentlich ist, welche Prinzipien dahinterstehen, wie Sie Körpersprache richtig deuten und welche einfachen Manipulationstechniken Ihnen im Gespräch helfen können. All diese Inhalte erwarten Sie in diesem Buch.

Tauchen Sie ein in die Welt der Gesprächsführung. Üben Sie regelmäßig, wann immer sich die Gelegenheit bietet – und Sie werden feststellen, wie sich Ihre kommunikativen Fähigkeiten deutlich verbessern und neue Türen für Sie öffnen.

1. Was ist Smalltalk?

Smalltalk setzt sich aus den englischen Wörtern „small" (klein) und „talk" (reden) zusammen. Gemeint ist damit ein oberflächliches, lockeres Gespräch ohne tieferen Inhalt oder konkretes Ziel. Die Kunst des Smalltalks besteht darin, Gesprächspausen nicht durch Schweigen entstehen zu lassen, sondern durch leichte, unverbindliche Konversation zu füllen. Mit engen Freunden führt man meist keinen Smalltalk, da das Verhältnis bereits vertraut ist – stattdessen kommt diese Form der Kommunikation vor allem im Umgang mit Fremden oder Bekannten zum Einsatz.

Manche Menschen haben ein natürliches Talent dafür, mit Unbekannten spontan ein Gespräch zu beginnen. Anderen fällt das deutlich schwerer. Gerade schüchterne oder introvertierte Personen reagieren oft nur knapp oder vermeiden Gespräche gänzlich. Umgekehrt neigen extrovertierte Menschen manchmal dazu, zu viel von sich preiszugeben, wodurch der lockere Austausch schnell zu einem einseitigen Redefluss wird. Die richtige Anwendung von Smalltalk hängt also auch stark von Übung und Feingefühl ab.

Übrigens: Auch in der Welt der Informatik existiert ein Begriff namens Smalltalk – hier handelt es sich jedoch um eine Programmiersprache, die für objektorientierte Konzepte entwickelt wurde. In diesem Buch jedoch geht es nicht um technische Themen, sondern um Smalltalk als zwischenmenschliche Kommunikationsform.

2. Die Vorteile von Smalltalk – Warum ist diese Gesprächsform so wichtig?

Smalltalk ist eine bedeutende Form der Kommunikation, der Sie bewusst Zeit widmen sollten – gerade auch im hektischen Alltag. Schon ein kurzes Gespräch im Supermarkt, etwa mit dem Kassierer oder an einem Aktionsstand, kann das persönliche Wohlbefinden steigern. Eine Untersuchung der Universitäten British Columbia und Cambridge hat gezeigt, dass selbst flüchtige Unterhaltungen im Alltag zufriedener machen als reines Einkaufen ohne sozialen Kontakt. Die Studienautoren betonen, dass es lediglich ein wenig Aufmerksamkeit für die kleinen Dinge des Lebens braucht, um ein spürbares Plus an Lebensqualität zu gewinnen.

Smalltalk stärkt die seelische Gesundheit

Menschen sind von Natur aus soziale Wesen. Sie wünschen sich, wahrgenommen zu werden und ein Teil der Gemeinschaft zu sein. Schon ein kurzer Austausch kann das Gefühl vermitteln, gesehen und geschätzt zu werden. Wer sich regelmäßig Zeit für einfache Gespräche nimmt, kann nicht nur Stress reduzieren, sondern auch das allgemeine psychische Wohlbefinden fördern.

Die Ratgeberautorin Annette Kessler rät beispielsweise, Fußball als Thema zu wählen. Besonders in Deutschland bietet es sich an, über die Bundesliga oder internationale Wettbewerbe wie die Champions League zu sprechen. Gerade im beruflichen Umfeld lassen sich mit solchen Themen schnell Gespräche beginnen, ohne zu persönlich zu werden.

Leichte Unterhaltung mit Wirkung

Smalltalk dient in erster Linie der lockeren, absichtslosen Kommunikation. Dabei sollte auf Höflichkeit, freundlichen

Umgang und gutes Benehmen geachtet werden. In Situationen, in denen Menschen angespannt oder nervös sind – etwa beim Zahnarztbesuch – kann ein beiläufiges Gespräch helfen, Spannungen zu lösen. Ein kurzer Austausch über das Wetter, aktuelle Ereignisse oder persönliche Interessen kann Unsicherheit abbauen und Vertrauen schaffen.

Der berufliche Nutzen von Smalltalk

In Deutschland gilt Smalltalk oft als belanglos – in vielen Kulturen, etwa in Asien, ist er jedoch eine essenzielle Grundlage für Geschäftsbeziehungen. Bevor konkrete Themen angesprochen werden, wird über scheinbar Nebensächliches gesprochen, um Nähe aufzubauen. Oft beginnt das Verhandeln, ohne dass es bewusst wahrgenommen wird. Diese Art der Kommunikation legt den Grundstein für beruflichen Erfolg, da sie Vertrauen schafft und Beziehungen fördert.

Wer Smalltalk geschickt einsetzt, zeigt Interesse an seinem Gegenüber. Beispielsweise kann eine aufmerksame Zahnarzthelferin durch ein persönliches Gespräch mit dem Patienten ein Vertrauensverhältnis aufbauen. Vertrauen wiederum führt zu Sympathie – ein wichtiger Baustein für langfristige Bindungen, ob im medizinischen Bereich oder im Berufsleben.

Die richtige Fragestellung wählen

Beim Einstieg in ein Gespräch sollten möglichst offene Fragen verwendet werden. Geschlossene Fragen – die mit „ja" oder „nein" beantwortet werden können – lassen kaum Raum für einen Gesprächsfluss. Offene Fragen, die mit „wer", „was", „wie" oder „warum" beginnen, regen dazu an, mehr zu erzählen. Gerade in ungewohnten oder neuen Kontakten helfen solche Fragen dabei, eine Verbindung aufzubauen.

Viele Menschen tun sich schwer, ein Gespräch zu beginnen – besonders, wenn sie ihr Gegenüber noch nicht gut kennen. Hier helfen bewährte Themen wie Urlaub, Hobbys, Kleidung, das aktuelle Wetter oder Sportereignisse. Diese sogenannten „neutralen Themen" öffnen die Tür für weitere Gespräche. Wenn dabei geschickt kleine Komplimente eingestreut werden, kann dies die gegenseitige Sympathie stärken.

Natürlich begegnen wir auch Menschen, die uns auf den ersten Blick nicht sympathisch erscheinen. Dennoch kann es sinnvoll sein, das Gespräch nicht zu meiden. In solchen Fällen empfiehlt es sich, auf sachliche Themen auszuweichen, etwa aktuelle Ereignisse oder Arbeitsprozesse.

Vertrauen öffnet Türen

Eine angenehme Atmosphäre ist der Schlüssel zu einem erfolgreichen Gespräch. Wenn sich jemand wohlfühlt, ist er eher bereit, offen zu sprechen oder sich auf ein Thema einzulassen. Sollte der Übergang zum eigentlichen Thema unklar sein, kann eine beiläufige Frage den Wechsel erleichtern.

Zurück zum Beispiel der Zahnarztpraxis: Indem Sie Patienten freundlich empfangen, auf ihre Bedürfnisse eingehen und ihnen signalisieren, dass sie wichtig sind, entsteht eine Atmosphäre des Vertrauens. Wer sich wahrgenommen fühlt, ist auch eher bereit, Empfehlungen oder Behandlungen anzunehmen.

Smalltalk als Erfolgsfaktor im Verkauf

Gerade in Verkaufsgesprächen ist Smalltalk ein wirkungsvolles Werkzeug. Er bricht das Eis, lockert die Situation auf und sorgt für eine positive Gesprächsstimmung. Kommunikationsexperten sprechen in diesem Zusammenhang vom sogenannten „Pacing" – dem Angleichungsprozess zwischen zwei Menschen. In den ersten Minuten eines Treffens sind die Beteiligten oft noch mit anderen Gedanken beschäftigt. Smalltalk hilft dabei, langsam in ein gemeinsames Gespräch zu finden.

Ein bis zehn Minuten Smalltalk reichen meist aus, um den Einstieg zu erleichtern. Diese Zeit dient dem gegenseitigen

Kennenlernen – ähnlich dem „Beschnuppern" unter Tieren, bei dem geprüft wird, ob der andere freundlich oder feindlich gesinnt ist. Auch im Verkaufsgespräch wirken diese uralten Instinkte noch mit. Wer diesen Prozess ignoriert, riskiert eine störende Distanz im Gesprächsverlauf.

Ein bekanntes Sprichwort warnt bereits davor, „mit der Tür ins Haus zu fallen". Wer Smalltalk als lästige Pflicht ansieht, verkennt seine Bedeutung – insbesondere im geschäftlichen Kontext, wo er den Gesprächsverlauf entscheidend beeinflussen kann.

Informationen gezielt sammeln

Smalltalk liefert zudem wertvolle Hinweise. Im lockeren Gespräch erfahren Sie viel über die Wünsche, Interessen und möglichen Bedürfnisse Ihres Gesprächspartners. Diese Informationen können im weiteren Gespräch gezielt genutzt werden. Gute Verkäufer zeichnen sich dadurch aus, dass sie aufmerksam zuhören und relevante Details aufnehmen. So lassen sich Probleme erkennen und passende Lösungen vorschlagen – oft schon, bevor das eigentliche Verkaufsgespräch richtig begonnen hat.

3. Die wichtigsten Grundlagen und Regeln in der Praxis

Smalltalk in Alltag und Beruf – Gespräche mit Unbekannten meistern

Im beruflichen wie im privaten Leben kommt es immer wieder zu Situationen, in denen Sie Zeit mit Menschen verbringen, die Sie kaum oder gar nicht kennen. Vielleicht stehen Sie gemeinsam in einer Warteschlange, sitzen im Wartezimmer oder müssen gemeinsam auf einen Termin warten. Gerade dann bietet sich ein kurzer Smalltalk an, um die Atmosphäre aufzulockern. Dabei spielt es keine Rolle, ob die andere Person in der Unternehmenshierarchie über, unter oder auf gleicher Ebene wie Sie steht – ein freundliches Gespräch auf Augenhöhe ist immer angemessen. Falls Ihr Gesprächspartner kein Interesse zeigt, wird er das in der Regel durch sein Verhalten oder eine höfliche Bemerkung signalisieren.

Passende Themen wählen – angepasst an die Situation

Die Tiefe und das Thema des Gesprächs sollten sich immer nach dem Grad Ihrer Bekanntschaft richten. Je fremder Ihnen die Person ist, desto neutraler und unverbindlicher sollte das Gespräch gestaltet sein. Smalltalk ist in erster Linie dazu da, eine angenehme Gesprächsatmosphäre zu schaffen – nicht, um tiefgründige Debatten zu führen.

Ein typisches Beispiel: Wenn Sie für Ihren Vorgesetzten einen externen Gast begrüßen, stellen Sie sich höflich vor, entschuldigen Sie sich für mögliche Verzögerungen, geben Sie Auskunft über die Wartezeit und bieten Sie dem Gast einen Platz sowie ein Getränk an. Anschließend beginnen Sie mit einem lockeren Gesprächseinstieg, um die Wartezeit angenehm zu gestalten.

Machen Sie sich keine Sorgen, dass Ihre Themen vielleicht zu

„belanglos" wirken. Bei dieser Art von Kommunikation stehen der Tonfall, die Körpersprache und die persönliche Wirkung deutlich mehr im Vordergrund als der konkrete Gesprächsinhalt. Es ist durchaus sympathisch, wenn Sie beiläufig etwas Persönliches erwähnen – jedoch ohne direkt von sich zu erzählen oder das Gespräch auf sich zu lenken.

Gut geeignete Smalltalk-Themen:

- Wetter: Ein Klassiker, der fast immer funktioniert – besonders, wenn gerade darüber gescherzt oder gemeckert werden kann. Statt in ein langes Gespräch über Temperaturen einzusteigen, erzählen Sie lieber eine kleine witzige Geschichte, z. B. von einem plötzlichen Regenguss.
- Reisen und Freizeit: Fragen Sie nach Urlaubsorten oder Wochenendtipps. Achten Sie jedoch darauf, das Gespräch auf Augenhöhe zu führen. Mit jemandem, der ein kleineres Budget hat, sollten Sie eher über Städtereisen oder Ausflüge in die Natur sprechen, als über exklusive Fernreisen.
- Kulturelle Erlebnisse: Gespräche über Filme, Serien, Bücher oder Events sind hervorragend geeignet. Versuchen Sie, das Thema passend zum Umfeld zu wählen: Mit jüngeren Gesprächspartnern kommt vielleicht ein aktueller Blockbuster gut an, während im professionellen Kontext ein Gespräch über Theater oder Musicals passender sein kann.

Themen, die Sie im Smalltalk besser meiden sollten

Nicht jedes Thema eignet sich für ein erstes Gespräch – vor allem dann, wenn Sie Ihr Gegenüber kaum kennen. Bestimmte Inhalte können schnell unangenehm wirken oder sogar das Gespräch abrupt zum Erliegen bringen. Folgende Themen sollten Sie deshalb besser vermeiden:

- Krankheiten, Beziehungsprobleme und persönliche Schicksale: Auch wenn Sie es gut meinen, wirken solche

Themen auf Außenstehende oft taktlos oder aufdringlich. Sie vermitteln schnell den Eindruck, wenig Einfühlungsvermögen zu besitzen – besonders, wenn Sie den Gesprächspartner noch nicht gut kennen.

- Politische Diskussionen: Aktuelle Nachrichten können einen guten Gesprächseinstieg bieten, doch bei politischen Meinungen ist Vorsicht geboten. Menschen reagieren sensibel auf gegensätzliche Ansichten, und eine zu klare Positionierung kann leicht zu Ablehnung oder Unbehagen führen.
- Lästereien über andere: Wer schlecht über Dritte spricht, macht schnell einen negativen Eindruck – selbst wenn die Kritik gerechtfertigt erscheint. Ihr Gesprächspartner kann nicht einschätzen, ob Sie über ihn ähnlich reden würden, sobald er außer Hörweite ist.
- Kritik an Veranstaltungen oder Gastgebern: Auch wenn das Buffet nicht Ihren Erwartungen entspricht oder die Organisation einer Veranstaltung zu wünschen übrig lässt – äußern Sie sich nicht negativ. Kritik schafft eine unangenehme Atmosphäre und erschwert weiteren Austausch erheblich.

Fragen als Gesprächsöffner – immer eine gute Wahl

Im Smalltalk sind offene, zielgerichtete Fragen ein bewährtes Mittel, um das Gespräch in Gang zu halten. Zum einen zeigen Sie damit echtes Interesse an Ihrem Gegenüber, zum anderen ermöglichen Sie es dem Gesprächspartner, sich selbst einzubringen. Diese Form der Wertschätzung wird in der Regel positiv aufgenommen.

Achten Sie jedoch darauf, keine zu persönlichen oder indiskreten Fragen zu stellen. Die Privatsphäre Ihres Gesprächspartners sollte stets gewahrt bleiben. Auch der Gesprächsabschluss will mit Fingerspitzengefühl gestaltet sein: Wenn Sie die Unterhaltung beenden möchten, tun Sie das dezent und freundlich – ohne Ihr Desinteresse erkennbar werden zu lassen. Ein höflicher Vorwand, verbunden mit einem wertschätzenden Abschiedsgruß, reicht völlig aus.

Je häufiger Sie Smalltalk führen, desto routinierter und entspannter werden Sie darin. Mit zunehmender Übung gelingt es Ihnen immer besser, Gespräche zu beginnen, aufrechtzuerhalten – und auch respektvoll zu beenden.

Fragen zu Emotionen und Empfindungen

Ein guter Einstieg in ein persönliches Gespräch gelingt oft mit einer einfachen Frage: „Wie geht es Ihnen heute?" oder „Was hat Ihnen an diesem Tag besonders gefallen?" Solche Fragen laden dazu ein, sich emotional zu öffnen – sie sind individuell und können nur von Ihrem Gegenüber persönlich beantwortet werden. Damit zeigen Sie Interesse an seinen Empfindungen und schaffen eine menschliche Verbindung.

Meinungen, Einschätzungen und Fachwissen erfragen

Fragen Sie gezielt nach der Meinung Ihres Gesprächspartners – besonders dann, wenn es um ein Thema geht, in dem er oder sie Erfahrung hat. So erkennen Sie Kompetenz an und geben Ihrem Gegenüber die Möglichkeit, sich als Experte einzubringen. Fragen wie „Was denken Sie über...?" oder „Wie schätzen Sie das ein?" regen zu fundierten Aussagen an und stärken das Selbstwertgefühl des Gesprächspartners.

Anerkennung zeigen – mit Fingerspitzengefühl

Viele Menschen wünschen sich Lob, doch nur wenige teilen es offen aus. Dabei wirkt ehrliches Lob oft stärker als jede andere Geste. Wenn Sie das Gefühl haben, Ihr Gesprächspartner ist auf etwas stolz, zögern Sie nicht, es wertschätzend anzusprechen. Formulieren Sie Ihre Anerkennung ehrlich und konkret – und vermeiden Sie dabei unbedingt körperbezogene Komplimente, insbesondere bei Frauen. Aussagen über Aussehen, Haare oder Figur wirken schnell unpassend. Stattdessen bieten sich positive Bemerkungen über Kleidungsstil, Sprachgewandtheit oder Auftreten an – subtil, freundlich und respektvoll.

Lenkende Fragen – Themenübergänge gestalten

Wenn Sie das Gespräch in eine bestimmte Richtung lenken möchten, nutzen Sie sogenannte steuernde Fragen. Dabei beziehen Sie sich auf eine Eigenschaft oder Erfahrung Ihres Gegenübers und leiten damit sanft zum nächsten Thema über. Zum Beispiel: „Sie haben eben erwähnt, dass Sie gern reisen – welches Reiseziel hat Sie am meisten beeindruckt?" Das gibt dem Gespräch eine neue Dynamik, ohne abrupt zu wechseln.

Über Ihr Gegenüber erzählen – charmant und verbindend

Eine originelle Technik ist es, über Ihren Gesprächspartner zu erzählen – natürlich im positiven Sinne. Erinnern Sie sich an eine gemeinsame Situation oder erwähnen Sie humorvoll eine kleine Begebenheit, die Ihnen im Gedächtnis geblieben ist. Sie können auch fantasievoll in die Zukunft blicken: „Ich kann mir gut vorstellen, dass Sie in zehn Jahren ein eigenes Café haben!" Wichtig ist, dass der Ton freundlich und leicht bleibt – die Idee zählt mehr als die Exaktheit.

Ungewöhnlich, aber wirkungsvoll: Sternzeichen

Gerade in lockeren Runden kann ein Gespräch über Sternzeichen unterhaltsam und verbindend wirken – besonders bei Frauen. Fragen wie „Welches Sternzeichen haben Sie?" oder „Wissen Sie, mit welchem Zeichen Sie gut harmonieren?" bringen oft ein Lächeln hervor. Ob ernst gemeint oder mit Augenzwinkern – solche Gespräche lockern die Atmosphäre auf.

Wohnsituation als Gesprächseinstieg

Fragen nach dem Wohnort oder der Wohnung können ebenfalls einen guten Gesprächsfluss erzeugen – etwa: „Wohnen Sie in der Stadt oder eher ländlich?" oder „Wie schwer war es, eine passende Wohnung zu finden?" Gerade in Zeiten steigender Mietpreise ist das ein Thema, mit dem sich viele Menschen identifizieren können – neutral und alltagsnah.

Beziehungen – ein sensibles, aber tiefgründiges Thema

Gespräche über Partnerschaften und Beziehungen sind oft besonders persönlich. Fast jeder Mensch hat in diesem Bereich Erfahrungen gesammelt – ob durch eigene Beziehungen, Freundschaften oder Beobachtungen im Familienkreis. Wer das Thema sensibel und respektvoll anschneidet, kann viel über sein Gegenüber erfahren. Fragen wie:

- „Haben Sie Ihre erste Liebe geheiratet?"
- „Wie lange waren Sie in Ihrer längsten Beziehung?"
- „Was hat Ihnen an Ihrer Partnerschaft besonders gefallen?"

...müssen stets dem Kontext angepasst sein. In der richtigen Situation entstehen daraus aufschlussreiche und verbindliche Gespräche – doch sie sollten niemals fordernd oder neugierig wirken.

Familie – ein persönliches, aber häufig unverfängliches Thema

Ein klassischer, oft gut funktionierender Einstieg ist die Frage nach der Familie. Sie können Ihr Gegenüber zum Beispiel fragen, ob er Kinder hat, wie viele es sind oder wie alt diese sind. Ebenso lässt sich das Gespräch über Geschwister führen: Hat er Brüder oder Schwestern, und wie ist das Verhältnis untereinander? Solche Themen öffnen oft Türen zu weiteren Gesprächen, wirken verbindend und geben Einblicke, ohne zu sehr in die Privatsphäre einzudringen.

Beruf – mehr als nur die Berufsbezeichnung

Stellen Sie nicht einfach nur die Frage: „Was machen Sie beruflich?" Gehen Sie tiefer: Interessieren Sie sich für die Aufgaben, Herausforderungen und typischen Abläufe im Arbeitsalltag. Jeder Beruf hat seine ganz eigene Welt, unabhängig davon, ob es sich um eine Führungskraft, eine Pflegekraft oder einen Hausmeister handelt. Spannend ist oft auch, was passiert, wenn im Job mal etwas nicht wie geplant läuft – viele Menschen erzählen gerne Anekdoten aus ihrem Arbeitsleben. So entsteht ein authentisches Gespräch.

Musik – Geschmack verbindet

Musik ist ein Thema, das oft Emotionen weckt. Fragen Sie ruhig, welche Musikrichtung Ihr Gesprächspartner bevorzugt, ob er gerne Konzerte besucht oder welches Live-Erlebnis ihn besonders beeindruckt hat. Vielleicht ergibt sich daraus eine gemeinsame Vorliebe – und schon haben Sie ein Gesprächsthema mit Potenzial.

Kino – für viele ein beliebter Zeitvertreib

Auch Filme eignen sich hervorragend für Smalltalk. Fragen Sie nach dem letzten Film, den Ihr Gegenüber gesehen hat, oder ob er einen Streifen empfehlen kann. Serien oder Streaming-Dienste wie Netflix und Co. liefern meist reichlich Gesprächsstoff, der unverfänglich und leicht ist.

Aktuelles Weltgeschehen – vorsichtig, aber wirkungsvoll

Schlagzeilen aus den Nachrichten können ein guter Gesprächseinstieg sein, sofern sie nicht zu politisch oder kontrovers sind. Ein kürzlich verstorbener Prominenter, eine überraschende Sportmeldung oder eine kuriose Nachricht aus aller Welt – solche Themen laden zum Austausch ein, ohne zu polarisieren.

Ziele und persönliche Entwicklung – ein tieferer Einstieg

Der Smalltalk dient nicht nur zur Unterhaltung, sondern kann auch als Türöffner für tiefere Gespräche genutzt werden. Wenn Sie jemanden näher kennenlernen möchten, sollten Sie nicht direkt mit Ihren Absichten herausplatzen. Beginnen Sie lieber mit einem allgemeinen Thema, bauen Sie Vertrauen auf und beobachten Sie die Reaktion. Entwickelt sich ein gutes Gesprächsklima, können Sie nach und nach mehr persönliche Fragen stellen. Wer aufmerksam zuhört und gezielt nachfragt, zeigt echtes Interesse – das wird in den meisten Fällen positiv aufgenommen.

Allein auf Veranstaltungen – Smalltalk als soziales Werkzeug

Wenn Sie allein auf einem Event sind, ist Smalltalk besonders hilfreich. Statt sich abseits zu halten, suchen Sie aktiv den Kontakt. Bereiten Sie sich mit ein paar aktuellen Themen vor – aus den Nachrichten, Kultur oder Gesellschaft – so fällt der Gesprächseinstieg leichter. Offenheit, ein Lächeln und Interesse an anderen Menschen machen Sie schnell anschlussfähig und die Veranstaltung wird für Sie angenehmer und bereichernder.

Im Ausland – mit Smalltalk Kulturen verstehen

In fremden Ländern ist Smalltalk ein wertvolles Instrument. Er hilft Ihnen, kulturelle Unterschiede besser zu erfassen, mit Einheimischen ins Gespräch zu kommen und sich sicherer zu bewegen. Oft erhalten Sie durch lockere Gespräche Hinweise, Tipps und Informationen, die in keinem Reiseführer stehen. Gleichzeitig zeigen Sie Respekt gegenüber der Kultur und Offenheit für neue Eindrücke – eine Haltung, die in fast allen Kulturen geschätzt wird.

Smalltalk im Berufsalltag – mehr als nur Plauderei

Für ein positives Miteinander im Team: Ein kurzes, unverfängliches Gespräch mit Kolleginnen und Kollegen – etwa beim Kaffeeholen oder auf dem Flur – kann viel bewirken. Wenn Sie sich erkundigen, wie es dem anderen geht oder wie sein Wochenende war, signalisieren Sie Interesse und Wertschätzung. Solche alltäglichen Gespräche stärken den Teamgeist, fördern ein angenehmes Betriebsklima und wirken sich letztlich auch positiv auf die Produktivität aus. Wer sich respektiert fühlt, arbeitet motivierter und mit mehr

Engagement.

Im Kundenkontakt unverzichtbar:
Gerade im Verkauf oder Kundenservice ist Smalltalk längst kein „Nice-to-have" mehr – er ist essenziell. Ein freundlicher Einstieg, etwa mit einem ehrlichen „Wie geht es Ihnen heute?" oder einem leichten Kommentar zum Wetter, hilft, eine entspannte Atmosphäre zu schaffen. Kunden fühlen sich dadurch persönlich angesprochen und ernst genommen. Das erhöht die Bereitschaft, sich auf das folgende Gespräch einzulassen – oft mit deutlich besserem Ergebnis für beide Seiten.

Zur Vorbereitung auf wichtige Gespräche:

Auch in Verhandlungen – etwa bei einem Gehaltsgespräch – kann Smalltalk eine taktisch kluge Rolle spielen. Anstatt direkt zur Sache zu kommen, beginnen Sie mit einem lockeren Einstieg. So bauen Sie eine Verbindung auf und können besser einschätzen, in welcher Stimmung sich Ihr Gegenüber befindet. Ein positiver Gesprächsbeginn erleichtert es, sensiblere Themen wie Gehalt oder Arbeitsbedingungen zur Sprache zu bringen. Wer die Gesprächsatmosphäre bewusst gestaltet, erhöht die Chancen, mit seinen Anliegen gehört und ernst genommen zu werden.

3.1 7 Tipps für den Smalltalk

1. Der Gesprächseinstieg – Der Eisbrecher

Ziel eines gelungenen Gesprächsbeginns ist nicht, selbst im besten Licht dazustehen, sondern dafür zu sorgen, dass sich andere in Ihrer Gegenwart wohlfühlen. Hier kann man sich ein Beispiel an der amerikanischen Gesprächskultur nehmen: In den USA ist es ganz selbstverständlich, jemandem ein spontanes Kompliment zu machen – etwa für eine Krawatte oder ein schönes Lächeln – und dabei kurz zu erklären, was einem daran gefällt. Auch wer sonst eher reserviert ist, freut sich über ein aufrichtiges, freundliches Kompliment. Es erfordert ein wenig

Offenheit und Mut, aber es gibt kaum einen besseren Weg, ein Gespräch zu eröffnen. Nach dem ersten lockeren Austausch folgt dann die formelle Vorstellung.

2. Fragen stellen statt Monologe führen

Untersuchungen zeigen: Menschen empfinden ein Gespräch als gelungen, wenn sie selbst viel erzählen konnten. Wer also Fragen stellt und aufrichtig zuhört, bleibt als sympathischer Gesprächspartner in Erinnerung. Überlegen Sie sich vorab, wie Sie mit interessierten Fragen ein angenehmes Gespräch entwickeln können. Smalltalk ist keineswegs belanglos – er ist oft der Türöffner für tiefere Gespräche. Vermeiden Sie Fragen, die sich nur mit einem „Ja" oder „Nein" beantworten lassen. Gerade zurückhaltende Personen neigen zu kurzen Antworten und sollten durch offene Fragen sanft zum Erzählen eingeladen werden.

3. Das Wetter – mehr als nur Lückenfüller

Wenn Ihrem Gesprächspartner spontan kein Thema einfällt, wird meist das Wetter angesprochen – ein absoluter Klassiker. Auch wenn es oberflächlich wirken mag, lässt sich daraus durchaus ein lebendiges Gespräch entwickeln. Bei bewölktem Himmel können Sie etwa scherzhaft über die Form der Wolken sprechen – das wirkt charmant und schafft sofort eine entspannte Stimmung. Ist das Wetter im Sommer schlecht, eignet sich ein Übergang zu Freizeitplänen oder Hobbys bei gutem Wetter. Schon haben Sie das Thema auf persönliche Interessen gelenkt – ein idealer Einstieg für ein weiterführendes Gespräch.

4. Körpersprache – der stille Sympathieträger

Oft genügt ein einziger Blick, um mehr zu sagen als viele Worte. Zeigen Sie Ihrem Gegenüber durch kleine verbale Signale wie „Verstehe", „Ja, interessant" oder ein zustimmendes Nicken, dass Sie aktiv zuhören. Verhalten Sie sich so, als würden Sie mit einem langjährigen Freund sprechen – herzlich, aufmerksam und interessiert. Natürlich bedeutet das nicht, dass Sie Fremde überschwänglich begrüßen oder den Chef kumpelhaft antippen sollen. Aber ein vertrauter Ton, ein offenes Lächeln und Blickkontakt sorgen für ein Gefühl von Nähe und Vertrauen. Auch eine kurze, situationsangemessene Berührung – etwa am Oberarm – kann, wenn sie natürlich wirkt, das Gespräch positiv beeinflussen. Wichtig ist: Halten Sie Augenkontakt, selbst in Gruppengesprächen. Wer präsent wirkt, wirkt sympathisch.

5. Small Talk im Berufsleben – mehr als bloßes Geplauder

Gerade im Job zählt der erste Eindruck. Ob im Fahrstuhl, beim Meeting oder während einer Firmenveranstaltung – die Fähigkeit, ein kurzes, angenehmes Gespräch zu führen, kann Türen öffnen. Es kommt nicht darauf an, lange zu reden, sondern prägnant und positiv zu wirken. Wenn Sie Ihrem Vorgesetzten begegnen, lassen Sie ihn sprechen – hören Sie aufmerksam zu. Oft gewinnen Sie so wertvolle Informationen über seine Interessen und Denkweise. Wichtig dabei: Sorgen Sie für ein Gespräch auf Augenhöhe. Humor, ein freundlicher Ton und gegenseitiges Lachen schaffen mehr Verbundenheit als jede sachliche Analyse.

6. Sympathie schlägt Fachwissen

Viele glauben, sie müssten beim Smalltalk besonders klug, tiefgründig oder intellektuell wirken – dabei geht es um das Gegenteil: Leichtigkeit. Smalltalk soll entspannen, nicht beeindrucken. Anstelle von hochtrabenden Fakten sind manchmal charmante, überraschende Aussagen wirkungsvoller. Sie dürfen ruhig eine steile These aufstellen, die nicht in Stein gemeißelt ist. Solche Aussagen können provozieren, zum Lachen bringen oder zum Nachdenken anregen – und machen das Gespräch lebendiger. Wichtig ist nicht, „Recht" zu haben, sondern eine angenehme, lockere Atmosphäre zu schaffen. So bleiben Sie positiv in Erinnerung.

7. Ein Gespräch stilvoll beenden

So wichtig wie ein guter Einstieg ist auch ein souveräner Ausstieg aus einem Gespräch. Wenn Sie merken, dass sich das Gespräch im Kreis dreht oder keine neuen Impulse mehr kommen, ist es Zeit für einen freundlichen Abschluss. Warten Sie einen passenden Moment ab – zum Beispiel eine kurze Pause – und kündigen Sie dann mit einem höflichen Satz an, dass Sie noch andere Gäste begrüßen oder Gespräche führen möchten. Eine ausführliche Erklärung ist nicht nötig; das wirkt oft unbeholfen oder wie eine Entschuldigung. Ein freundliches Lächeln, ein kurzer Abschiedsgruß – und dann drehen Sie sich gelassen um und gehen. So bleiben Sie stilvoll und respektvoll in Erinnerung.

4. Der Ablauf eines Smalltalk-Gesprächs

4.1 Der Gesprächsanfang – Wie beginne ich ein Gespräch charmant?

Ein guter Gesprächsbeginn lebt von echtem Interesse am Gegenüber. Doch manchmal fällt einem spontan nichts Besonderes auf oder die Situation lässt keine persönlichen Bemerkungen zu. In solchen Fällen helfen bewährte Einstiegsthemen, um ungezwungen ins Gespräch zu kommen.

Hier sind einige praktische Möglichkeiten für einen gelungenen Start:

1. Der Klassiker unter Rauchern:

   Wenn Sie selbst rauchen, können Sie Ihr Gegenüber nach einer Zigarette oder Feuer fragen. Das öffnet schnell die Tür zu einem kurzen Austausch. Sollte die andere Person Nichtraucher sein, ergibt sich daraus möglicherweise ein Gespräch über das Thema Aufhören oder über persönliche Gewohnheiten.

2. Das Wetter – immer ein sicherer Einstieg:

   Ob strahlender Sonnenschein oder plötzliches Unwetter – das Wetter bietet stets Gesprächsstoff. Von dort aus lässt sich der Bogen leicht spannen zu Urlaubserinnerungen, Lieblingsplätzen oder geplanten Ausflügen.

3. Um Hilfe bitten – eine natürliche Kontaktaufnahme:

   Fragen Sie nach einer Auskunft – etwa zur Uhrzeit, dem Weg oder dem nächsten Zug. Menschen helfen gern, und oft lässt sich daraus ein Gespräch entwickeln. Zum

Beispiel könnten Sie im Anschluss nach dem Reiseziel Ihres Gesprächspartners fragen.

4. Sport als Brücke – besonders bei Männern beliebt:

Viele Männer interessieren sich für Sport, insbesondere Fußball. Fragen Sie einfach, ob Ihr Gesprächspartner ein Spiel gesehen hat oder für welchen Verein er sich begeistert. Sollte Fußball nicht auf Interesse stoßen, lässt sich leicht auf andere Sportarten umschwenken.

5. Aktuelle Themen aus Gesellschaft und Umwelt:

Themen wie der Klimawandel, technologische Neuerungen oder gesellschaftliche Trends können gute Gesprächsimpulse geben – vorausgesetzt, Sie nähern sich dem Thema mit Feingefühl.

6. Auffällige Details als Einstieg nutzen:

Ein interessantes Schmuckstück, eine ausgefallene Tasche oder ein markantes Accessoire bieten oft eine gute Gelegenheit für einen persönlichen Kommentar. Ein einfaches: „Das sieht spannend aus – hat das eine besondere Bedeutung?" kann sofort Sympathie erzeugen.

7. Jahreszeitliche Anlässe einbinden:

Je nach Saison ergeben sich passende Themen: Skifahren im Winter, Urlaubsplanung im Sommer oder festliche Feiertage im Frühling und Herbst – solche Anknüpfungspunkte wirken natürlich und unaufdringlich.

Wenn das Gespräch in Gang kommt, stellen Sie möglichst viele offene Fragen. Das ist die wichtigste Regel für gute Kommunikation. Denn wer fragt, führt das Gespräch – und zeigt echtes Interesse. Wenn Ihr Gesprächspartner etwa von seinem Urlaub erzählt, haken Sie nach: „Was hat Ihnen dort besonders gefallen?" oder „Wie waren die Leute vor Ort?" Mit aufrichtiger Neugier schaffen Sie Nähe – und das macht Sie zu einem angenehmen Gesprächspartner.

Gespräche in Gruppen – wie Sie sich richtig einbringen

Wenn Sie in eine neue Gesprächssituation geraten, haben Sie meist zwei Optionen: Entweder Sie möchten mit einer Einzelperson ins Gespräch kommen oder sich an einer bereits bestehenden Gruppe beteiligen. Für Einzelgespräche lassen sich typische Smalltalk-Themen gut anwenden. Schwieriger wird es, wenn Sie sich einer Gruppe anschließen möchten, die bereits miteinander spricht.

In solchen Momenten ist Aufmerksamkeit der Schlüssel. Treten Sie ruhig und freundlich an die Gruppe heran. Zeigen Sie durch nonverbale Signale wie zustimmendes Nicken, ein aufmerksames „Ja, genau" oder ein verständnisvolles Lächeln, dass Sie zuhören und interessiert sind. Reagieren Sie emotional mit – etwa durch Mitlachen oder zustimmendes Kopfnicken – und spiegeln Sie unauffällig die Körpersprache der Gruppe. Keine Sorge: Dieses Verhalten wirkt nicht aufdringlich, sondern zeigt, dass Sie sich für das Gespräch interessieren und dazuzugehören möchten.

Herausforderung 1: Wenn Sie vom Thema keine Ahnung haben

Es kann passieren, dass das Gesprächsthema Ihnen völlig unbekannt ist. Das ist kein Grund zur Sorge – im Gegenteil, es ist eine gute Gelegenheit, etwas dazuzulernen. Sie haben drei Möglichkeiten, souverän mit der Situation umzugehen:

1. Stellen Sie eine kluge Frage, etwa: „Was genau ist der Vorteil daran?" – So signalisieren Sie Interesse und regen die Gruppe zum Erklären an.
2. Seien Sie offen, sagen Sie ehrlich: „Ich kenne mich damit nicht aus – können Sie mir das kurz erklären?"

3. Zeigen Sie Anerkennung, zum Beispiel: „Wirklich beeindruckend, wie gut Sie sich da auskennen."

So bleiben Sie authentisch und gewinnen Sympathie, auch ohne fachlich mitreden zu können.

Herausforderung 2: Gespräche, die Sie langweilen

Manche Unterhaltungen drehen sich um Themen, die für Außenstehende wenig spannend sind – etwa Detaildiskussionen über Technik, Fachgebiete oder persönliche Anekdoten. Wenn Sie trotzdem Teil der Gesprächsrunde bleiben (müssen), haben Sie zwei Optionen:

- Bleiben Sie aufmerksam und versuchen Sie, das Thema mit einem neuen Impuls zu beleben. Wer gedanklich abschweift, wird schnell als desinteressiert wahrgenommen.
- Versuchen Sie herauszufinden, was andere an diesem Thema so spannend finden. Vielleicht entdecken Sie eine neue Perspektive. Wenn das Gespräch Sie dennoch nicht fesselt und kein Themenwechsel gelingt, ziehen Sie sich höflich und unauffällig zurück.

Die richtige Gesprächsführung – worauf es ankommt

Ein gelungenes Gespräch basiert auf mehreren Faktoren. Hier sind einige wichtige Punkte, die Ihnen helfen können, Gespräche sicher und sympathisch zu führen:

Wenn etwas Unpassendes gesagt wurde

Es ist völlig normal, im Gespräch einmal etwas Falsches zu sagen – wichtig ist, wie Sie damit umgehen. Sie müssen keine Angst davor haben, sich zu irren, solange Sie angemessen darauf reagieren. Hier ein paar Strategien:

- Falsche Information? Geben Sie es offen zu und bedanken Sie sich für die Korrektur – das wirkt ehrlich und souverän.
- Jemanden unbeabsichtigt verletzt? Entschuldigen Sie sich freundlich und direkt – Verständnis wird meist mit Sympathie belohnt.
- Selbst überrascht von Ihren Worten? Sagen Sie einfach: „Das war unüberlegt – das wollte ich so nicht sagen." Das zeigt Größe.

Denken Sie daran: Beim Smalltalk zählt nicht die inhaltliche Perfektion, sondern dass der Dialog am Laufen bleibt. Fehler sind kein Drama, sondern oft sogar ein Türöffner für mehr Menschlichkeit im Gespräch.

Das passende Thema finden

Ein gutes Gesprächsthema entsteht nicht immer sofort – manchmal braucht es ein wenig Geduld. Greifen Sie auf klassische Smalltalk-Themen zurück und wechseln Sie das Thema sanft, bis Sie etwas finden, das beide Seiten interessiert.

Zwei bewährte Methoden helfen, ein gemeinsames Thema zu entdecken:

- Im privaten Umfeld: Fragen Sie nach dem Beruf – viele Menschen sprechen gern über ihren Alltag oder ihre Tätigkeit.
- Im beruflichen Umfeld: Erkundigen Sie sich nach Hobbys oder Interessen – hier zeigen Sie persönliches Interesse über das Geschäftliche hinaus.

Wenn Sie ehrliches Interesse zeigen und gezielte Fragen stellen, wird sich ganz automatisch ein gemeinsamer Nenner ergeben. Wichtig dabei ist, aufmerksam zuzuhören – denn oft verrät Ihr Gesprächspartner, was ihn wirklich interessiert, ohne es direkt zu sagen.

Vermeiden Sie es, Themen aufzudrängen. Statt wahllos

verschiedene Themen „anzutesten", achten Sie lieber darauf, was im Gespräch anklingt. Hören Sie mit echter Aufmerksamkeit hin – dann erkennen Sie schnell, wo Sie anknüpfen können. Respekt, Offenheit und Interesse sind dabei Ihre wichtigsten Werkzeuge.

4.2 So gelingt der Gesprächsverlauf

Beim Smalltalk gibt es keine starre Regel, die man einfach anwenden kann – jedes Gespräch verläuft anders. Das Ziel ist jedoch immer dasselbe: das Gespräch am Laufen zu halten. Der Schlüssel dazu liegt darin, unangenehme Gesprächspausen gar nicht erst entstehen zu lassen oder sie gelassen zu überbrücken. Entscheidend ist, dass Sie das Interesse am Menschen nicht verlieren – selbst wenn das Thema einmal weniger spannend ist. Und falls eine Pause doch eintritt, nennen Sie sie lieber *Gesprächspause* als *peinliche Stille* – das klingt gleich viel entspannter.

Pausen elegant auffangen

Wenn das Gespräch ins Stocken gerät, gibt es zwei gute Wege, es wieder in Schwung zu bringen:

1. Stellen Sie eine neue, interessante Frage, die an vorherige Themen anknüpft oder neue Impulse gibt.
2. Wechseln Sie einfach das Thema, wenn Sie merken, dass der bisherige Gesprächsfaden ausgeschöpft ist.

Wichtig: Lassen Sie sich nicht verunsichern, wenn Ihnen im Moment nichts einfällt. Grübeln blockiert nur – konzentrieren Sie sich stattdessen auf den natürlichen Gesprächsfluss. Hier ein paar bewährte Strategien:

• Greifen Sie einen Punkt aus dem bisherigen Gespräch erneut auf.
• Bleiben Sie beim Thema, aber beleuchten Sie es aus einem neuen Blickwinkel.

- Oder schlagen Sie einen freundlichen, spontanen Themenwechsel vor.

Der Themenwechsel – dezent, aber klar

Gerade bei beruflichen Treffen oder Geschäftsessen gehört Smalltalk oft dazu, um die Stimmung aufzulockern. Dennoch kommt irgendwann der Moment, in dem Sie das eigentliche Anliegen zur Sprache bringen sollten. In solchen Fällen ist es hilfreich, das klar, aber höflich anzukündigen.

Wenn Ihr Gesprächspartner dazu neigt, viel zu erzählen, können nonverbale Signale – wie ein dezentes Räuspern, ein kurzer Blick auf die Uhr oder ein längeres Schweigen – bereits erste Hinweise sein. Reicht das nicht, sprechen Sie den Übergang offen an. Ein guter Themenwechsel kann zum Beispiel so eingeleitet werden:

- „Ein schöner Urlaub klingt wirklich traumhaft – kommen wir jetzt aber zum Hauptgrund unseres Treffens."
- „Bei all den interessanten Geschichten hätte ich fast vergessen, dass wir eigentlich über das Projekt sprechen wollten."
- „Die Dominikanische Republik klingt verlockend – aber zurück zu unserem eigentlichen Thema: Wie gestalten wir die neue Geschäftsfläche?"

4.3 Das Gespräch stilvoll beenden

Beenden Sie das Gespräch – nicht die Beziehung

Auch das angenehmste Gespräch ist irgendwann an seinem natürlichen Ende angekommen. Vielleicht ist das Thema ausgeschöpft oder Sie spüren, dass die Chemie nicht ganz stimmt. In solchen Fällen ist es völlig in Ordnung, das Gespräch zu beenden – wichtig ist nur, dass Sie dies freundlich und respektvoll tun. Denn genauso wie ein gelungener Einstieg bleibt auch das Gesprächsende im Gedächtnis.

Ein abrupter Abbruch wirkt hingegen unhöflich und kann Ihr Gegenüber verletzen. Zeigen Sie niemals Desinteresse durch ungeduldiges Verhalten, ständiges auf-die-Uhr-Schauen oder innere Unruhe. (Eine Ausnahme bilden Situationen mit besonders redseligen Menschen oder wenn Sie bewusst Abstand zu jemandem halten möchten – das verlangt allerdings einen anderen Umgang.)

Damit der Gesprächsabschluss gelingt, beachten Sie diese drei Leitlinien:

1. Beenden Sie positiv

Runden Sie das aktuelle Gesprächsthema mit einem freundlichen Fazit ab. Geben Sie einen positiven Ausblick – zum Beispiel: „Das war wirklich spannend – ich werde auf jeden Fall darüber nachdenken." So hinterlassen Sie einen guten letzten Eindruck.

2. Würdigen Sie das Gespräch

Zeigen Sie zum Schluss noch einmal, dass Sie das Gespräch geschätzt haben. Ein Satz wie „Ich habe das Gespräch mit Ihnen sehr genossen" oder „Danke für den interessanten Austausch" unterstreicht Ihr Interesse und Ihre Wertschätzung.

3. Blick in die Zukunft

Wenn Sie sich ein Wiedersehen wünschen, schlagen Sie ein zukünftiges Treffen vor – „Lassen Sie uns das bald fortsetzen." Ist das nicht Ihr Ziel, verabschieden Sie sich dennoch herzlich, zum Beispiel: „Ich wünsche Ihnen noch einen angenehmen Abend." Damit beenden Sie das Gespräch verbindlich, ohne die Tür ganz zu schließen.

Vom Ende einleiten bis zum Abschiedsgruß

Leicht ist es, wenn Ihr Gegenüber die Unterhaltung beenden möchte. Kommen Sie ihm dabei einfach entgegen. Beenden Sie das Thema, worüber Sie gerade sprechen, oder nutzen Sie eine Gesprächspause, um zum Abschluss überzuleiten. Beispielsweise so: „Vielen Dank für das Gespräch. Aber nun wollen Sie bestimmt noch mit anderen Leuten sprechen. Vielleicht begegnen wir uns im Laufe des Abends noch einmal." Halten Sie Blickkontakt mit Ihrem Gegenüber und lächeln Sie dabei.

Haben Sie keine Anzeichen dafür, dass Ihr Gegenüber das Gespräch beenden möchte, gehen Sie selbst dazu über, das Gesprächsende einzuleiten. Gebrauchen Sie dabei die folgenden Schritte:

Gesprächstechnik Gespräch beenden in sechs Schritten

1. Schritt: Probieren Sie das Thema abzukürzen oder es dadurch zu Ende zu führen, indem Sie das Gesagte noch einmal zusammenzufassen.
2. Schritt: Gehen Sie danach zum Ende über, dies bietet sich nach einer Gesprächspause an. Sie können Ihren Wunsch zu gehen direkt aussprechen, indem Sie sagen, dass Sie los müssen oder indirekt, indem Sie anbieten, die Unterhaltung zu einem anderen Zeitpunkt fortzusetzen.
3. Schritt: Erklären Sie die Gründe für das gewünschte Gesprächsende.
4. Schritt: Geben Sie eine positive Bewertung des Gesprächs ab und machen Sie Ihrem Gegenüber ein Kompliment.
5. Schritt: Geben Sie Ausblick auf die Zukunft und stellen Sie ein erneutes Gespräch in Aussicht.
6. Schritt: Verabschieden Sie sich immer höflich und lächelnd. Wenn es die Situation anbietet, können Sie auch die Hand geben.

Sie können auch die Reihenfolge der Schritte ändern, behalten Sie aber die Ziele für das Ende des Gesprächs im Auge. Zeigen Sie Respekt für den anderen, so wird das Ende natürlich, angenehm und positiv.

Wenn Sie keinen wirklichen Grund haben, das Gespräch zu beenden, dann haben Sie erneut zwei Möglichkeiten:

- Sie geben einen Grund vor: Sie möchten noch mit dem Ausrichter der Veranstaltung sprechen, zur Toilette gehen, bevor der nächste Programmpunkt an der Reihe ist, eine Kleinigkeit essen oder müssen einfach morgen sehr früh aufstehen.
- Wählen Sie die ehrliche Strategie: Warten Sie eine Pause im Gespräch ab oder einen anderen geeigneten Moment, schenken Sie Ihrem Gegenüber ein Lächeln und sagen Sie einige nette Worte am Ende des Gesprächs.

5. Die häufigsten Fehler und No-Gos beim Smalltalk

Smalltalk – mit den richtigen Themen zum sympathischen Eindruck

Beim Smalltalk geht es darum, durch lockere, oberflächliche Gesprächsthemen eine Verbindung herzustellen und beim Gegenüber einen positiven Eindruck zu hinterlassen. Auch wenn es scheinbar um Belanglosigkeiten geht, hat Smalltalk eine wichtige soziale Funktion – er öffnet Türen. Doch damit ein Gespräch angenehm verläuft, ist die Themenwahl entscheidend. Wer das falsche Thema anspricht, riskiert unangenehme Stille oder betretene Gesichter.

Nicht jedes Thema eignet sich für einen lockeren Einstieg. Besonders heikel sind persönliche Fragen, politische Ansichten oder finanzielle Themen. Was gut gemeint ist – wie die Nachfrage nach der Ehefrau – kann bei jemandem, der sich gerade getrennt hat, Unwohlsein auslösen. Persönliche Gespräche sind in Ordnung, aber sie dürfen nie zu intim werden. Achten Sie sensibel darauf, was Ihr Gegenüber preisgeben möchte – und was nicht.

Besser: Freizeit statt Weltanschauung

Sport und Hobbys sind ideale Smalltalk-Themen. Die meisten Menschen erzählen gern über ihre Freizeit – ob es ums Joggen, Skifahren, Reisen oder Theaterbesuche geht. Auch wenn Sie selbst das Hobby Ihres Gesprächspartners nicht teilen, können Sie echtes Interesse zeigen, indem Sie sich Details erklären lassen. So entsteht ein Austausch, der beide Seiten einbindet.

Aktuelle Ereignisse bieten ebenfalls einen leichten Einstieg: Ein neuer Kinofilm, das Fußballspiel vom Wochenende oder die Tournee eines internationalen Stars – solche Themen verbinden, ohne zu polarisieren.

Vorsicht bei sensiblen Inhalten

Vermeiden Sie bei oberflächlichen Gesprächen besser Themen wie Politik, Religion, Krankheit, Tod oder Geld. Auch wenn Sie gute Absichten haben oder eine persönliche Meinung vertreten – diese Themen bergen Konfliktpotenzial und können leicht zu Spannungen führen.

Privates bleibt privat – auch im Smalltalk

Wie viel Persönliches man beim Smalltalk preisgeben sollte, ist eine Frage des Feingefühls. Grundsätzlich gilt: Je formeller der Rahmen, desto allgemeiner sollten Ihre Aussagen bleiben. Wenn Sie jemanden siezen, halten Sie sich eher an neutrale Themen. Im lockeren Kollegenkreis, wo man sich duzt, dürfen private Details durchaus in Maßen einfließen – aber auch hier ist Zurückhaltung angebracht. Tiefgreifende persönliche Probleme haben im beruflichen Umfeld nichts verloren und sollten dort nicht besprochen werden.

Das Gespräch über den Beruf

Früher galt die Devise, berufliche Themen außerhalb der Arbeit außen vor zu lassen – insbesondere bei privaten Treffen mit geschäftlichem Bezug. In der Praxis lässt sich das oft kaum umsetzen. Für viele Menschen ist der Beruf ein wichtiger Teil ihrer Identität. Daher kommt im Smalltalk früher oder später das Thema Arbeit auf. Wenn das passiert, richten Sie Ihr Interesse auf die Tätigkeit Ihres Gesprächspartners. Lassen Sie ihn erzählen – ohne dabei auf vertrauliche Informationen zu drängen. So zeigen Sie Respekt und echtes Interesse, ohne Grenzen zu überschreiten.

Kulturelle Unterschiede – globale Fettnäpfchen

Auch wenn Sie in Deutschland mit Fingerspitzengefühl gut durchs Gespräch kommen, gilt das nicht automatisch im Ausland. Andere Länder haben andere Regeln – auch beim Smalltalk. In den USA wird zum Beispiel offen über Einkommen gesprochen, während das in Europa oder Japan als indiskret gilt. Ein Italiener freut sich möglicherweise über Fragen zu seiner Familie, während man damit in Skandinavien eher zurückhaltend ist. In China gehört es zum guten Ton, beim ersten Treffen die Visitenkarte des Gesprächspartners eingehend zu betrachten – Ignorieren wird dort als respektlos empfunden.

Themen, die Sie besser vermeiden

Unabhängig vom Kulturkreis gibt es bestimmte Inhalte, die beim lockeren Gespräch tabu sein sollten – vor allem, wenn man sich nicht gut kennt. Dazu zählen:

- Gehalt oder Vermögen
- Religiöse Ansichten
- Politische Überzeugungen
- Krankheiten oder gesundheitliche Probleme

5.1 Die Fünf No-Go´s beim Smalltalk

1. Vorsicht bei heiklen Themen

Vermeiden Sie Themen, die emotional belastet sein könnten – etwa Politik, Krankheiten, Eheprobleme oder das Verhältnis zu Familienangehörigen. Solche Gesprächsthemen können bei Ihrem Gegenüber unangenehme Gefühle auslösen. Auch Religion, Gehalt oder kritische Bemerkungen über Kollegen sollten Sie besser außen vor lassen. Entscheiden Sie sich lieber für unverfängliche Inhalte wie das Wetter, Hobbys oder aktuelle Ereignisse. Ein unaufdringliches Kompliment zur Kleidung oder zur sympathischen Ausstrahlung Ihres Gesprächspartners kann ebenfalls einen angenehmen Einstieg bieten.

2. Offene statt geschlossener Fragen stellen

Fragen, die nur mit „Ja" oder „Nein" beantwortet werden können, bremsen ein Gespräch oft aus. Nutzen Sie deshalb offene Fragen – sogenannte W-Fragen – wie „Was machen Sie gern in Ihrer Freizeit?" oder „Wie sehen Sie das?" Solche Fragen regen zum Erzählen an und geben Ihnen die Möglichkeit, gezielt nachzuhaken. So können Sie mehr über Ihr Gegenüber erfahren – und beim nächsten Gespräch darauf Bezug nehmen, was den Kontakt vertieft.

3. Wirklich zuhören

Wer nicht aufmerksam zuhört, wirkt schnell desinteressiert oder sogar arrogant. Zeigen Sie echtes Interesse am Gesagten – durch kurze Bestätigungen wie „Mhm", „Verstehe" oder durch zustimmendes Nicken. Auch kleine Zwischenfragen oder Rückbezüge auf vorher Gesagtes signalisieren, dass Sie das Gespräch ernst nehmen. Zuhören ist nicht passiv – es ist aktives Mitgestalten.

4. Vermeiden Sie Monologe

Achten Sie darauf, das Gespräch nicht zu dominieren. Wenn Sie nur über Ihr Lieblingshobby oder Ihre Erfahrungen sprechen, verliert Ihr Gegenüber schnell das Interesse. Suchen Sie stattdessen Themen, zu denen beide etwas beitragen können. Smalltalk lebt vom Austausch – nicht von Selbstinszenierung. Bleiben Sie authentisch und lassen Sie Ihr Gegenüber gleichberechtigt zu Wort kommen.

5. Keine abrupten Themenwechsel

Wenn der Smalltalk als Einstieg in ein geschäftliches Gespräch dient, sollten Sie nicht zu direkt auf das Geschäftliche überleiten. Stattdessen empfehlen sich sanfte Übergänge. Eine elegante Formulierung wäre:
„Das war ein sehr interessantes Thema – ich würde mich gern noch weiter darüber unterhalten. Aber vielleicht sollten wir jetzt zu unserem eigentlichen Anlass kommen?"

So gelingt der Wechsel ohne Bruch – und Ihr Gesprächspartner fühlt sich weiterhin wertgeschätzt.

6. Smalltalk im Berufsleben und Alltag

6.1 Tipps & Tricks – Smalltalk lernen und sicher kommunizieren

Die Herausforderung beim Smalltalk

Ein Gespräch mit jemandem zu beginnen, den man kaum kennt, ist für viele Menschen eine unangenehme Situation. Dabei geht es beim Smalltalk nicht um tiefgründige Themen, sondern darum, locker und sympathisch einen Austausch zu starten. In der Anfangsphase eines Gesprächs entscheidet sich oft, welchen Eindruck Ihr Gegenüber von Ihnen bekommt. Bleibt es bei einem kurzen, belanglosen Austausch – oder entsteht daraus vielleicht ein tieferes Gespräch? Smalltalk kann der erste Schritt zu neuen Kontakten sein oder dazu dienen, bestehende Beziehungen zu pflegen – ob mit Nachbarn, Kolleginnen oder Geschäftspartnern.

Doch wie funktioniert Smalltalk genau? Was sind gute Einstiegsthemen? Wie lässt sich unangenehme Stille vermeiden? Und wie kann ein Gespräch charmant beendet werden?

Praxistipps für gelungene Smalltalk-Situationen

Trauen Sie sich – starten Sie das Gespräch

Ein stilles Abwarten, bis jemand anderes den ersten Satz sagt, kann schnell zu einem unangenehmen Moment werden. Nehmen Sie daher selbst die Initiative – auch wenn Ihr Einstieg vielleicht nicht perfekt ist. Smalltalk lebt von scheinbaren Belanglosigkeiten – besser ein einfacher Satz als peinliches Schweigen.

Lächeln Sie – das wirkt Wunder

Ein Lächeln schafft sofort Nähe und Sympathie. Selbst wenn Sie sich unsicher fühlen, wirkt ein freundliches Gesicht einladend und erleichtert beiden Seiten den Gesprächseinstieg.

Geeignete Smalltalk-Themen

Die Wahl des Themas ist entscheidend für ein angenehmes Gespräch. Hier ein paar bewährte Bereiche, die sich fast immer eignen:

- Wetter: Ein Klassiker – harmlos, aktuell und für jeden zugänglich. Ein Kommentar wie „Ganz schön warm heute, oder?" kann ein erstaunlich ergiebiges Gespräch auslösen.
- Umgebung & Situation: Fragen wie „Wie lange arbeiten Sie schon hier?" oder „Wie fanden Sie den Vortrag?" bieten sich besonders bei beruflichen oder gesellschaftlichen Anlässen an.
- Hobbys & Interessen: Menschen reden gern über das, was sie begeistert. Fragen Sie nach Freizeitaktivitäten, aber vermeiden Sie es, selbst ins Schwärmen zu verfallen und das Gespräch zu dominieren.
- Sport: Großereignisse wie Weltmeisterschaften oder Olympische Spiele bieten Anknüpfungspunkte, über die fast jeder ein paar Worte verlieren kann.
- Urlaub: Reisen sind ein positiv besetztes Thema. Ob vergangene Erlebnisse oder bevorstehende Reisepläne – hier lässt sich gut ins Plaudern kommen.
- Bücher, Filme & Serien: Viele Menschen haben einen Lieblingsfilm oder eine Lieblingsserie. Fragen Sie vorsichtig nach dem Geschmack Ihres Gegenübers, bevor Sie loslegen.
- Essen: Bei Veranstaltungen, auf denen Speisen gereicht werden, eignet sich ein lockerer Kommentar zum Essen sehr gut. Achten Sie aber darauf, zunächst nur Positives zu sagen.

Themen, die Sie besser vermeiden

Bestimmte Themen können zu persönlich, zu kontrovers oder unangenehm sein. Vermeiden Sie im Smalltalk:

- Geld oder Gehalt
- Private Beziehungsprobleme
- Kritik oder persönliche Angriffe
- Religion oder Weltanschauung
- Politische Diskussionen
- Tratsch oder Gerüchte über Dritte

Bleiben Sie positiv – gerade zu Beginn

Beim Smalltalk geht es darum, ein lockeres, angenehmes Gespräch zu führen – und das gelingt am besten mit einer positiven Grundhaltung. Vermeiden Sie zu Beginn des Gesprächs unbedingt Kritik oder negative Kommentare. Wenn Sie sich etwa über das Essen beschweren, über das Outfit des Chefs lästern oder den Vortrag schlechtreden, wirken Sie unsympathisch und möglicherweise taktlos. Noch dazu wissen Sie nie, wer vor Ihnen steht: Vielleicht ist es die Ehefrau des Chefs, der Veranstalter der Präsentation oder ein enger Freund des Vortragenden.

Statt also ein Risiko einzugehen, bleiben Sie bei positiven Bemerkungen – das wirkt freundlich, verbindend und schafft eine gute Gesprächsatmosphäre.

Stellen Sie offene Fragen

Smalltalk lebt vom Austausch – und der kommt nicht zustande, wenn Sie nur geschlossene Fragen stellen. Ein Beispiel: Die Frage „War der Vortrag interessant?" lässt sich mit einem schlichten „Ja" oder „Nein" beantworten – und das Gespräch ist beendet, bevor es richtig begonnen hat.

Besser: Stellen Sie offene Fragen wie „Wie fanden Sie den Vortrag?" oder „Was hat Ihnen daran besonders gefallen?" So ermöglichen Sie Ihrem Gegenüber, ausführlicher zu antworten – und Sie schaffen Anknüpfungspunkte für weitere Fragen oder gemeinsame Themen.

Reaktionen richtig deuten

Achten Sie nicht nur auf das Gesagte, sondern auch auf Körpersprache und Mimik. Dreht sich Ihr Gesprächspartner leicht weg, blickt er immer wieder zur Tür oder auf die Uhr, oder wirkt er abwesend, läuft das Gespräch wahrscheinlich nicht wie gewünscht. Vielleicht sprechen Sie zu viel über sich selbst oder haben ein Thema gewählt, das Ihr Gegenüber nicht interessiert.

In solchen Fällen hilft oft ein Themenwechsel. Sollte sich die Situation dennoch nicht bessern, ist es besser, das Gespräch freundlich zu beenden, als es zwanghaft weiterzuführen.

Smalltalk höflich beenden

Nicht jedes Gespräch entwickelt sich weiter – manchmal bleibt es beim oberflächlichen Austausch, oder Ihr Gegenüber entpuppt sich als eher anstrengend. In solchen Situationen können Sie mit folgenden Ausstiegsstrategien elegant reagieren:

- Jemanden ins Gespräch einbinden: Stellen Sie Ihrem Gesprächspartner eine andere Person vor – idealerweise jemanden, der sich besser mit ihm versteht. So ziehen Sie sich elegant zurück.
- Sich höflich verabschieden: Eine klassische Lösung: „Ich wollte noch kurz mit jemandem sprechen" oder „Ich hole mir noch etwas zu essen" – so verabschieden Sie sich respektvoll.
- Ein langweiliges Thema anschneiden: Funktioniert manchmal als indirekter Ausweg – wählen Sie bewusst ein Thema, das das Interesse des anderen nicht weckt. Mit etwas Glück beendet er das Gespräch selbst.
- Notfall-Ausrede: Wenn nichts hilft, können Sie einen „dringenden Moment" simulieren – etwa durch einen überraschten Blick zur Tür und den Satz: „Oh, da ist

jemand, den ich dringend sprechen muss – entschuldigen Sie mich bitte!" Dann verabschieden Sie sich zügig.

6.2 Übungen für erfolgreichen Smalltalk

Nutzen Sie jede Gelegenheit zum Üben

Wenn Ihnen Smalltalk schwerfällt, sind Sie wahrscheinlich froh über jede Situation, in der Sie nicht gezwungen sind, ein Gespräch zu führen. Doch genau wie bei jeder anderen Fähigkeit gilt auch hier: Übung macht den Meister. Je öfter Sie sich darin versuchen, lockere Gespräche zu führen, desto sicherer werden Sie darin – und desto natürlicher wird Ihnen Smalltalk in Zukunft gelingen.

Nutzen Sie alltägliche Situationen, um Ihre Kommunikationsfähigkeiten zu verbessern. Das können sein:

- Im Bus oder in der Bahn
- An der Supermarktkasse
- Beim kurzen Plausch mit Nachbarn
- Im Wartezimmer beim Arzt
- Während eines Friseurbesuchs oder einer Massage
- In der Mittagspause in der Kantine

Bereiten Sie sich vor – mit passenden Themen und Einstiegen

Wenn Sie Sorge haben, im Gespräch nicht die richtigen Worte zu finden oder in peinliche Pausen zu geraten, hilft Vorbereitung. Legen Sie sich eine kleine Sammlung an Themen, Fragen oder Einstiegsformulierungen zurecht. Natürlich sollen Sie im Gespräch nicht auf einen Zettel schauen – aber allein das Nachdenken im Vorfeld schärft Ihr Gespür für geeignete Inhalte. Besonders hilfreich ist es, sich bei bevorstehenden Veranstaltungen zu überlegen, welche Gesprächsthemen dort gut ankommen könnten.

Beobachten und lernen Sie von anderen

Manche Menschen scheinen im Smalltalk regelrecht aufzugehen. Von ihnen können Sie viel lernen. Beobachten Sie genau:

- Welche Themen sprechen sie an?
- Wie treten sie auf – Körpersprache, Mimik, Tonfall?
- Wie vermeiden sie Gesprächspausen oder füllen sie geschickt?
- Was unterscheidet ihre Gesprächsführung von Ihrer eigenen?

Solche Beobachtungen helfen, eigene Unsicherheiten abzubauen. Oft reicht schon ein kleiner Impuls aus, um beim nächsten Gespräch ein neues Verhalten auszuprobieren.

1. Zeigen Sie echtes Interesse an Ihrem Gesprächspartner

Ein Gespräch bleibt lebendig, wenn Sie wirkliches Interesse an Ihrem Gegenüber zeigen. Merkt die andere Person, dass Sie sich nicht für sie oder ihre Erzählungen interessieren, fällt das Gespräch schnell in sich zusammen. Zeigen Sie daher Aufmerksamkeit – durch Blickkontakt, Nachfragen und ein offenes Ohr. Menschen sprechen gerne über sich selbst – geben Sie Ihrem Gesprächspartner die Gelegenheit dazu. Je mehr Raum Sie ihm geben, desto besser verläuft das Gespräch.

2. Lassen Sie sich etwas erklären

Wenn es im Gespräch um ein Thema geht, mit dem Sie sich nicht gut auskennen, tun Sie nicht so, als ob. Seien Sie ehrlich und bitten Sie Ihr Gegenüber, es Ihnen näher zu erklären. In den meisten Fällen wird er das gerne tun. Damit ermöglichen Sie nicht nur ein tieferes Gespräch, sondern zeigen auch Interesse – und bringen Ihr Gegenüber dazu, sich wohlzufühlen. Gleichzeitig verlagert sich der Redeanteil und Sie gewinnen Zeit zum Zuhören und Reagieren.

3. Bleiben Sie informiert

Lesen Sie regelmäßig Nachrichten – auch Rubriken, die Sie nicht spontan ansprechen. So sind Sie in Gesprächen besser vorbereitet und können bei Bedarf mit einem aktuellen Thema einsteigen oder eine Gesprächspause überbrücken. Ein Satz wie „Haben Sie das heute Morgen im Radio gehört?" kann schon genügen, um den Austausch neu anzustoßen oder eine verlegene Stille zu vermeiden.

4. Teilen Sie eigene Geschichten

Ein Gespräch gewinnt an Tiefe, wenn Sie eigene Erfahrungen beisteuern. Erzählt Ihr Gegenüber zum Beispiel, dass er eine Zeit lang im Ausland gelebt hat – und Sie ebenfalls – dann berichten Sie von Ihren Erlebnissen. Persönliche Anekdoten schaffen Verbindung und Vertrauen. Meist führt das dazu, dass auch Ihr Gesprächspartner sich öffnet und weitere Geschichten erzählt – so entsteht ein authentischer, interessanter Austausch.

5. Nutzen Sie die FORM-Methode zur Gesprächsführung

Die sogenannte FORM-Technik hilft dabei, ein Gespräch auf natürliche Weise am Laufen zu halten. Die Buchstaben stehen für vier zentrale Themenfelder, zu denen fast jeder etwas sagen kann:

- **F wie Family (Familie):** Fragen Sie, ob Ihr Gesprächspartner Kinder hat, wo seine Familie lebt oder wie lange er schon in der Stadt wohnt.
- **O wie Occupation (Beruf):** Was arbeitet er? Gefällt ihm sein Job? Hat er eine bestimmte Ausbildung gemacht?
- **R wie Recreation (Freizeit):** Welche Hobbys hat er? Was macht ihm besonders Spaß in der Freizeit?
- **M wie Money (Geld):** Vorsicht bei sensiblen Fragen – aber ein neutraler Einstieg wie „Was denken Sie über die

hohen Benzinpreise?" kann ein Gespräch über aktuelle Entwicklungen ermöglichen.

Mit diesen vier Kategorien können Sie fast jede Unterhaltung in Gang bringen – und sie interessant halten.

6. Ehrlichkeit schafft Nähe

Wenn Ihnen Smalltalk schwerfällt, dürfen Sie das ruhig zugeben. Ein ehrlicher Satz wie „Ich finde Smalltalk oft etwas oberflächlich – wollen wir über etwas Interessanteres sprechen?" wirkt manchmal befreiend. Viele Menschen empfinden genauso, trauen sich aber nicht, es auszusprechen. Halten Sie dabei ein paar tiefere Fragen bereit, zum Beispiel: „Was hat Sie heute besonders beschäftigt?" oder „Womit verbringen Sie am liebsten Ihre Zeit?" – So schaffen Sie eine echte Verbindung.

7. Lernen Sie von den Profis

Beobachten Sie Menschen, die sich besonders gut ausdrücken können – wie TV-Moderatoren, Comedians oder Redner. Achten Sie darauf, wie sie Fragen stellen, welche Körpersprache sie einsetzen und wie sie mit Gesprächspausen umgehen. Oft hilft es, sich deren Strategien einzuprägen und sie in eigenen Gesprächen auszuprobieren. Auch gute Gesprächsführung lässt sich durch Nachahmung und Übung erlernen.

8. Stärken Sie das Selbstwertgefühl Ihres Gesprächspartners

Ein einfaches, ehrliches Kompliment kann Wunder wirken. Zeigen Sie Interesse an Ihrem Gegenüber und geben Sie ihm das Gefühl, geschätzt zu werden. Ziel sollte sein, dass sich Ihr Gesprächspartner nach dem Austausch mit Ihnen ein kleines bisschen besser fühlt. Ob es ein nettes Wort über seinen Humor, seine Kleidung oder seine Haltung ist – mit aufrichtiger Anerkennung wecken Sie Sympathie und schaffen Verbindung.

9. Nutzen Sie jede Gelegenheit zum Üben

Ob an der Supermarktkasse, beim Warten an der Bushaltestelle oder neben einem Unbekannten im Wartezimmer – jede Alltagssituation ist eine gute Chance, Smalltalk zu trainieren. Je öfter Sie sich darin üben, ein kurzes Gespräch zu führen, desto natürlicher wird es Ihnen vorkommen. Und mit jeder gelungenen Unterhaltung wächst Ihr Selbstvertrauen im Umgang mit neuen Menschen.

10. Wenden Sie das ARE-Modell an

Diese einfache Gesprächsstruktur hilft Ihnen, einen natürlichen Austausch aufzubauen:

- **Anchor (Anker):** Suchen Sie eine Gemeinsamkeit – etwa: „Ich finde diesen Cocktail richtig gut – wie schmeckt er Ihnen?"
- **Reveal (Offenbaren):** Erzählen Sie etwas Persönliches, z. B.: „Ich habe in Malibu mal einen ganz ähnlichen getrunken, das war ein Traumurlaub."
- **Encourage (Ermutigen):** Fordern Sie Ihr Gegenüber auf, ebenfalls etwas von sich zu erzählen: „Trinken Sie lieber Whisky? Oder sind Cocktails eigentlich gar nicht Ihr Fall?"

Diese Technik sorgt für Balance und schafft schnell eine entspannte Atmosphäre.

11. Formulieren Sie bessere Einstiegsfragen

Statt der oft gestellten Frage „Was machen Sie beruflich?", versuchen Sie es mit: „Was beschäftigt Sie in letzter Zeit?" Diese Formulierung wirkt natürlicher und ermöglicht vielfältige Antworten – beruflich wie privat. Sie schaffen so Raum für echte Gespräche und vermeiden standardisierte Floskeln.

12. Denken Sie daran: Jeder ist manchmal unsicher

Wenn Sie sich in Smalltalk-Situationen unsicher fühlen, sind Sie damit nicht allein. Auch Menschen, die souverän wirken, kennen diese Unsicherheit. Machen Sie sich bewusst, dass es völlig in Ordnung ist, sich unwohl zu fühlen – es bedeutet nicht, dass Sie schlecht im Smalltalk sind. Im Gegenteil: Offenheit und Authentizität sind Ihre größten Stärken in jedem Gespräch.

7. Körpersprache und Menschen lesen vor und während des Smalltalks

Ich sehe, was Sie fühlen

Studien zeigen: Menschen, die nonverbale Signale deuten und gezielt einsetzen können, um den Eindruck zu steuern, den sie hinterlassen, haben beruflich wie privat oft mehr Erfolg. Der Körper spricht eine ganz eigene Sprache – manchmal viel klarer als Worte. Wer lernt, diese Körpersprache zu erkennen und zu verstehen, kann viel über sein Gegenüber erfahren.

Beine und Füße – ehrliche Botschafter

Unsere unteren Gliedmaßen verraten besonders viel über unsere Stimmung, denn sie werden nur schwer bewusst kontrolliert. Füße und Beine dienten über Jahrtausende hinweg dem Überleben – sie zeigten Flucht- oder Kampfbereitschaft und sind bis heute sehr ehrliche Signalgeber. Wenn jemand im Sitzen plötzlich die Zehen nach innen richtet oder die Füße verschränkt, zeigt das Nervosität, Unsicherheit oder sogar, dass er sich bedroht fühlt. Eine stehende Person, die entspannt die Beine kreuzt, signalisiert dagegen Wohlbefinden – ein Zeichen, dass sie sich in der Umgebung sicher fühlt. Denn eine solche Haltung wäre in einer angespannten Situation riskant, weil sie die Reaktionsfähigkeit einschränkt. Ein weiteres klares Signal: Wenn jemand im Sitzen seine Hände auf die Knie legt, zeigt er damit, dass er bereit ist aufzustehen – oft ein Zeichen, dass er das Gespräch beenden möchte.

Der Oberkörper verrät Haltung und Nähe

Im Rumpf befinden sich unsere lebenswichtigen Organe. Diese werden instinktiv vom limbischen System geschützt, was sich auch in unbewussten Reaktionen äußert. Schon eine leichte

Drehung des Oberkörpers kann bedeuten, dass sich jemand innerlich vom Gespräch distanziert. In Beziehungen zeigt sich emotionale Entfernung oft durch körperlichen Abstand – etwa wenn Partner auf einem Sofa sitzen und sich nur noch mit dem Kopf zueinander wenden. Im Gegensatz dazu drehen sich Menschen, die sich nahestehen, mit dem ganzen Körper einander zu. Paare, die sich gegenüber sitzen, beugen sich oft leicht nach vorne, bieten ihre verletzliche Körpervorderseite an und suchen den Blickkontakt. Solche Signale geschehen instinktiv – sie basieren auf dem Wunsch nach Nähe und Vertrauen, gesteuert von unserem limbischen System. Diese Körpersprache ist ehrlich, unbewusst und von großer Bedeutung für zwischenmenschliche Beziehungen.

Unser Körper schützt uns – auch ohne Worte

Wenn wir uns in einer unangenehmen Situation befinden, uns aber körperlich nicht entfernen können – sei es, weil es unhöflich wäre oder weil der Raum dies nicht zulässt – dann reagiert unser Körper auf andere Weise. Häufig nutzen wir Gegenstände wie Taschen, Ordner oder Tassen als eine Art „Schutzschild". Oder wir verschränken unbewusst unsere Arme, um Abstand zu schaffen. Dieses Verhalten tritt häufig auf, wenn wir unser Gegenüber oder das Gesprächsthema nicht mögen – es ist ein ganz natürlicher Abwehrmechanismus.

Was uns die Schultern verraten

Die Bewegung der Schultern ist oft ein aufschlussreicher Indikator für das, was jemand wirklich denkt oder fühlt. Ein echtes Schulterzucken – wenn beide Schultern gleichmäßig und sichtbar angehoben werden – ist ein Zeichen von Aufrichtigkeit oder Unwissenheit. Wird dagegen nur eine Schulter leicht gehoben oder wirkt die Bewegung zurückhaltend, ist Misstrauen angebracht. In solchen Momenten stimmt die verbale Aussage oft nicht mit der Körpersprache überein. Besonders in heiklen Situationen, etwa im Gespräch mit Vorgesetzten, kann diese Art der Körpersprache viel über die tatsächliche Haltung einer Person verraten.

Die Arme als Spiegel unserer Emotionen

Unsere Arme verhalten sich unterschiedlich, je nachdem, wie wir uns fühlen. Bei Freude, Offenheit und Begeisterung bewegen wir die Arme frei und lebhaft – das sind Gesten, die der Schwerkraft trotzen und deshalb mit positiven Emotionen verbunden werden. Im Gegensatz dazu ziehen wir bei Unsicherheit oder Angst die Arme eher an den Körper zurück oder verschränken sie schützend vor der Brust. Wer die Arme dicht am Körper hält oder sich damit abschirmt, zeigt unbewusst, dass er sich unwohl oder sogar bedroht fühlt. Eine weitere interessante Geste: Wer die Arme hinter dem Rücken verschränkt, demonstriert damit oft eine Haltung von Überlegenheit oder Distanz – als wolle er zeigen, dass er unangreifbar ist und keine Nähe wünscht.

Sprache der Hände – ein Blick sagt oft mehr als Worte

Unsere Hände geben viele Hinweise auf unseren Alltag, unsere Persönlichkeit und sogar unsere Lebensweise. Wer genau hinsieht, kann oft erkennen, ob jemand handwerklich arbeitet, musiziert oder viel Zeit am Schreibtisch verbringt. Gepflegte Hände deuten auf ein starkes Bewusstsein für äußeres Erscheinungsbild und soziale Erwartungen hin. Ungepflegte Nägel oder das Kauen an ihnen lassen dagegen auf Nervosität, innere Anspannung oder Unsicherheit schließen. Weil unsere Hände eng mit unserem Gehirn verbunden sind – sowohl in der Steuerung als auch in der Wahrnehmung – lohnt es sich besonders, auf deren Pflege zu achten. Sie beeinflussen, wie wir wahrgenommen werden und auch, wie wir uns selbst erleben.

Mimik – der Spiegel der Emotionen

Unser Gesicht verrät oft mehr als unsere Worte. Die Mimik ist ein direkter Ausdruck innerer Zustände. Negative Gefühle wie Angst, Ärger, Ekel oder Ablehnung zeigen sich durch Anspannung im Gesicht: verkrampfte Kiefer, flatternde Nasenflügel, häufiges Blinzeln oder ein zusammengepresster Mund sind typische Signale. Bei angenehmen Empfindungen hingegen ist die Gesichtsmuskulatur entspannt, die Stirn bleibt glatt, die Lippen wirken weich und die Augen freundlich. Menschen, die sich sicher und wohlfühlen, neigen dazu, den Kopf leicht zur Seite zu neigen und dabei den Hals freizugeben – ein Zeichen von Vertrauen und Offenheit. Diese Geste lässt sich besonders oft bei zwischenmenschlicher Annäherung beobachten, etwa beim Flirten.

Die Augen – ein Fenster zur Stimmung

Auch die Augenpartie spiegelt unser Innenleben. Wenn wir entspannt und gut gelaunt sind, sind die Augen geöffnet, die Brauen leicht angehoben und der Blick offen. Eine geweitete Pupille und ein wacher Blick deuten auf Interesse und Freude hin. Es kommt jedoch vor, dass Menschen während eines Gesprächs den Blick abwenden – das wird oft als unhöflich oder ablehnend gewertet, ist jedoch meist ein Zeichen von Konzentration. Wer kurz wegschaut, tut dies häufig, um über etwas nachzudenken, ohne durch den Augenkontakt abgelenkt zu werden. Diese Geste hat nichts mit Lügen oder Desinteresse zu tun – im Gegenteil, sie zeigt oft, dass sich jemand gedanklich wirklich mit dem Gesagten beschäftigt.

7.1 Die wichtigsten Gesten und häufigsten Körpersprache Reaktionen

Typische Mimik und ihre Bedeutung in europäischen Kulturen

Gesichtsausdrücke sind in der zwischenmenschlichen Kommunikation sehr aufschlussreich – sie übermitteln oft mehr als Worte. Hier ein paar typische Beispiele für Mimik und deren Deutung:

1. **Gekräuselte Stirn** – Ein Zeichen dafür, dass jemand über das Gesagte nachdenkt oder innerlich tadelt.
2. **Vorgeschobene Unterlippe in Kombination mit verdrehten Augen** – Deutet auf Zweifel oder Ungläubigkeit hin.

3. **Ein abfälliges Lächeln** – Wird häufig als Zeichen von Spott interpretiert.
4. **Nase rümpfen, Nasenflügel blähen sich** – Ausdruck von Ekel oder Abneigung.
5. **Dem anderen ins Gesicht gähnen** – Gilt als grobe Unhöflichkeit und vermittelt, dass man die Person als langweilig empfindet.
6. **Jemanden intensiv anstarren, bis dieser wegschaut** – Gilt als Machtdemonstration, kann Demütigung oder sogar Bedrohung signalisieren.
7. **Ein emotionsloser Blickkontakt** – Drückt Gleichgültigkeit oder zunehmende soziale Distanz aus.

Gestik – Was unsere Hände sagen

Unsere Hände unterstreichen das, was wir sagen, oder senden sogar eigenständige Signale. Unterschiedliche Gestengruppen lassen sich so einordnen:

- **Bittende Gesten** – Die Handflächen zeigen dabei nach oben, etwa als Zeichen des Wünschens oder Fragenden.
- **Beeindruckungs- oder Drohgesten** – Hier kommt meist der Zeigefinger zum Einsatz, sei es zum Betonung eines Punktes oder um Dominanz auszustrahlen.
- **Beschwichtigende Gesten** – Die Handflächen zeigen nach unten und drücken das Bedürfnis nach Ruhe oder Kontrolle aus.

Was unsere Finger symbolisieren

Jeder Finger kann für bestimmte emotionale oder soziale Signale stehen – oft geschieht dies unbewusst:

- **Daumen** – Er gilt als Symbol für Macht und Kontrolle. Denken Sie an antike Herrscher, die mit einem Daumenzeig über das Schicksal anderer entschieden.
- **Zeigefinger** – Häufig verwendet, um zu belehren, zu kritisieren oder auf etwas hinzuweisen. Auch ein

Kugelschreiber kann unbewusst als Ersatz dafür genutzt werden.

- **Mittelfinger** – Er steht symbolisch für Selbstverwirklichung. Wenn Menschen beim Sprechen ihre andere Hand mit dem Mittelfinger berühren, wünschen sie sich häufig Anerkennung.
- **Ringfinger** – Wird oft mit Emotionen in Verbindung gebracht. Wenn jemand im Gespräch diesen Finger berührt, kann das ein Hinweis auf ein Bedürfnis nach Nähe oder Zuneigung sein.
- **Kleiner Finger** – Er steht für gesellschaftliche Zugehörigkeit. Das demonstrative Abspreizen bei bestimmten Anlässen – etwa beim Teetrinken – signalisiert: „Ich bin Teil dieser Runde."

Deutungsmöglichkeiten von Körpersprache und Verhalten

Verschränkte Arme können sowohl ein Gefühl der Entspannung und Behaglichkeit ausdrücken als auch auf Abwehrhaltung oder sogar unterschwellige Aggression hindeuten. Wenn jemand die Hände ineinander verschränkt, signalisiert das oftmals innere Ausgeglichenheit – manchmal aber auch Unsicherheit oder Anspannung. Unruhige Hände können Zeichen von Energie und Temperament sein, aber ebenso auf Nervosität oder Ungeduld hinweisen.

Das wiederholte Auf- und Absetzen einer Brille wird häufig mit Unsicherheit, kritischem Nachdenken oder Ablehnung assoziiert. Wer sich beim Sprechen die Hand vor den Mund hält, drückt damit oft Überraschung, Unsicherheit oder Verlegenheit aus. Eine leichte Kopfneigung kann sowohl auf echtes Interesse als auch auf Verlegenheit hindeuten. Ein erhobener Kopf wirkt aufmerksam, kann aber ebenso Trotz signalisieren. Ein gesenkter Kopf steht häufig für Nachdenken, Zurückhaltung oder auch Respekt – manchmal auch für Ablehnung.

Übereinandergeschlagene Beine können ein Zeichen von Entspanntheit und Selbstsicherheit sein, aber in bestimmten

Situationen auch Desinteresse vermitteln. Wer sich im Gespräch zurücklehnt, tut dies entweder aus Gelassenheit oder um emotionalen Abstand zu gewinnen.

Proxemik – Körpersprache im Raum

Die sogenannte Proxemik beschäftigt sich mit der räumlichen Anordnung von Personen zueinander. Dabei spielen Abstand, Ausrichtung und Höhenverhältnis eine zentrale Rolle. Besonders wichtig ist die Distanz zwischen zwei Personen, die man z. B. anhand des Augenabstands oder der Entfernung zwischen den nächstgelegenen Körperpunkten messen kann. In der Regel unterscheidet man vier Distanzzonen:

- **Intimzone (0–60 cm):** Nur eng vertraute Personen wie Partner, Familienmitglieder oder enge Freunde dürfen in diese Zone vordringen. Kommen Fremde so nah, vermeiden wir meist Blickkontakt, um psychisch Distanz zu wahren.
- **Persönliche Zone (60–120 cm):** Dies ist die übliche Gesprächsentfernung im privaten Umfeld, beispielsweise beim Begrüßen mit Handschlag oder bei Gesprächen mit Bekannten.
- **Soziale Zone (ab 120 cm):** Wird beim Umgang mit Fremden, Kollegen oder Vorgesetzten eingehalten – vor allem in förmlichen oder geschäftlichen Situationen.
- **Öffentliche Zone (ab 400 cm):** Diese Entfernung wird meist bei öffentlichen Auftritten eingehalten, etwa bei Vorträgen oder Präsentationen vor einer Gruppe. Der Abstand vermittelt Autorität und grenzt symbolisch ab.

Auch körperliche Berührungen – gewollt oder unbeabsichtigt – spielen in der Proxemik eine Rolle. Je nach Beziehung und Situation kann Körperkontakt Nähe schaffen oder als unangenehm empfunden werden.

8. Was bedeutet Manipulation?

Manipulation beschreibt den gezielten Einfluss auf Menschen oder Dinge mit dem Ziel, sie in eine bestimmte Richtung zu lenken. Es geht also darum, Verhalten oder Ergebnisse bewusst zu steuern – sei es durch Worte, Handlungen oder äußere Reize. Schon ein ganz gewöhnliches Gespräch kann manipulativ sein, wenn eine der beteiligten Personen versucht, die Meinung oder das Verhalten der anderen zu verändern. Wird dieses Ziel offen und direkt verfolgt, spricht man von direkter Manipulation: Jemand sagt oder tut etwas, um eine konkrete Reaktion hervorzurufen.

Von indirekter Manipulation spricht man, wenn die Beeinflussung über Sinneseindrücke geschieht – durch das, was wir sehen, hören oder lesen. Jede Information, die wir aufnehmen, verändert unser Denken und Verhalten – bewusst oder unbewusst. Unsere Handlungen basieren auf dem, was wir wissen und erlebt haben. Dabei spielt es keine Rolle, ob es sich um ein Gespräch, eine Werbung, einen Film oder ein Buch handelt: Alles hinterlässt Spuren in unserem Gedächtnis.

Unser Gehirn muss jede Information verarbeiten, die es aufnimmt – unabhängig davon, ob wir es wollen oder nicht. Diese Informationen werden gespeichert, oft sogar dauerhaft. Ein einfaches Beispiel: Wenn man Ihnen sagt, Sie sollen *nicht* an einen rosa Elefanten denken, wird genau dieses Bild in Ihrem Kopf entstehen. Genauso funktioniert Manipulation – sie beginnt mit der bloßen Präsentation von Informationen. Besonders ungewöhnliche Inhalte bleiben leichter im Gedächtnis haften und tauchen später in ähnlichen Zusammenhängen wieder auf – zum Beispiel, wenn bestimmte Begriffe genannt oder visuelle Reize gezeigt werden.

Wo beginnt Manipulation – und wo findet sie statt?
Manipulation ist ein ständiger Prozess, der unser Denken und Verhalten formt – ob wir das nun als positiv oder negativ empfinden. Schon im Mutterleib beginnt die Beeinflussung: Wir

hören Geräusche, spüren Stimmungen und werden über die Ernährung der Mutter geprägt. Studien zeigen, dass Faktoren wie Naturerlebnisse, Musik, emotionale Geborgenheit und Muttermilch einen erheblichen Einfluss auf die spätere kognitive Entwicklung haben.

Mit zunehmendem Alter nehmen gezielte Einflüsse zu. Besonders die Erziehung durch Eltern und Lehrkräfte ist entscheidend. Wenn die Eltern eine bestimmte Weltanschauung vertreten, werden sie versuchen, diese auf ihre Kinder zu übertragen – ganz bewusst oder unbewusst. Auch gesellschaftliche Normen, Gesetze, Rituale und Traditionen tragen ihren Teil dazu bei, wie wir denken und handeln.

Die Medien spielen dabei eine zentrale Rolle. Nachrichten, Fernsehformate, Internetinhalte und Werbung formen unsere Wahrnehmung – täglich, dauerhaft und systematisch. Auf diese Weise wird gesellschaftliche Kontrolle ausgeübt, indem bestimmte Informationen betont und andere ausgeblendet werden. Manipulation ist also ein Teil unseres Alltags – nicht immer negativ, aber immer wirkungsvoll.

8.1 Wie Sie Manipulation erkennen und abwehren können

Manipulation im Alltag – ein Beispiel und seine Wirkung

Im vorherigen Abschnitt wurden Sie bereits unbemerkt manipuliert – erinnern Sie sich? Sobald Sie das Wort *Papst* lesen, erscheint vermutlich automatisch das Bild des Papstes in Unterwäsche vor Ihrem inneren Auge. Genau so funktionieren manipulative Mechanismen – etwa in der Werbung. Produkte werden mit positiven Bildern oder Gefühlen verknüpft, unabhängig davon, ob sie diesen Eindruck wirklich erfüllen. Es zählt allein der Effekt: Wir sollen kaufen. Dabei wird im Gehirn eine neue Verbindung geschaffen – das Produkt wird mit Attraktivität, Erfolg oder Glück assoziiert.

Unser Denken und Handeln wird durch jede aufgenommene Information beeinflusst – egal ob bewusst oder unbewusst, ob nützlich oder schädlich. Ein klassisches Beispiel gezielter Beeinflussung ist das Prinzip der Reziprozität: Jemand tut Ihnen einen Gefallen – betont aber, dass keine Gegenleistung erwartet wird. Und doch fühlen Sie sich später verpflichtet, etwas zurückzugeben, wenn diese Person Sie um Hilfe bittet. Dieses Schuldgefühl ist kein Zufall, sondern Teil eines Manipulationstricks. Wer gibt, rechnet damit, dass der andere aus moralischem Druck zurückgibt – und oft sogar mehr.

Wenn Sie sich vor dieser Art von Ausnutzung schützen möchten, sollten Sie bewusst und unabhängig geben – also nicht als Reaktion auf das, was jemand zuvor für Sie getan hat. Stattdessen sollten Sie sich immer fragen: *Will ich dieser Person etwas geben – ganz unabhängig von vorherigen Gefälligkeiten?* Der Gedanke, man müsse jede erhaltene Leistung direkt vergelten, ist ein erlerntes Muster – und Teil der systematischen Manipulation durch gesellschaftliche Normen. Das bedeutet nicht, dass Sie geizig oder hartherzig sein sollen – aber dass Sie die Kontrolle behalten. Geben Sie freiwillig, nicht als Reaktion auf ein schlechtes Gewissen.

Es ist möglich, von einer Person etwas zu empfangen und einer anderen etwas weiterzugeben. Denn in einer vernetzten Gesellschaft ist das *Wer* oft weniger wichtig als das *Dass*. Geben und Nehmen müssen nicht immer direkt zusammenhängen – entscheidend ist, dass beides aufrichtig und freiwillig geschieht.

Wie Sie Manipulation erkennen

Da jede Information Einfluss auf uns nimmt, ist es wichtig, diesen Einfluss zu erkennen. Das gelingt am besten durch Selbstwahrnehmung und innere Klarheit. Wer sich seiner selbst bewusst ist, durchschaut Fremdsteuerung leichter. Menschen mit geringem Selbstwertgefühl oder einem gestörten Selbstbild sind oft schon Opfer von Manipulation – sei es durch Elternhaus, Medien oder gesellschaftliche Erwartungen.

Ein Mensch, der an sich selbst zweifelt oder sich für unfähig hält, hat dieses Selbstbild nicht freiwillig gewählt. Es wurde durch äußere Einflüsse geprägt – von Stimmen, die ihm vermittelten, nicht gut genug zu sein. Niemand mit einem gesunden Selbstwert würde sich selbst herabwürdigen. Das zeigt, wie tief die Beeinflussung oft reicht – und wie früh sie beginnt.

Der erste Schritt zur Unabhängigkeit ist, sich der eigenen Gedanken bewusst zu werden. Fragen Sie sich: *Warum denke ich so über mich?* Und: *Ist das wirklich meine eigene Meinung oder wurde sie mir eingeredet?* Wer seine Gedanken reflektiert, gewinnt Kontrolle – nicht über alles, aber über sich selbst. Gedanken sind nicht gleich Wahrheit. Wenn Sie sich etwa für „unfähig" halten, dann ist das kein Fakt, sondern eine Vorstellung – oft das Resultat von langjähriger, unbemerkter Manipulation.

Der Schlüssel liegt in der Erkenntnis: *Ich bin nicht das, was andere in mir sehen – ich bin, was ich bewusst aus mir mache.*

9. Die wichtigsten Manipulationstechniken, um Freunde und Gesprächspartner für sich zu gewinnen

1. Blickkontakt – Achten Sie auf die Augenfarbe Ihres Gegenübers

Wenn Sie neue Menschen kennenlernen, sollten Sie ihnen während des Gesprächs regelmäßig in die Augen schauen. Ein direkter Blickkontakt wirkt souverän und aufgeschlossen. Kombinieren Sie diesen mit innerer Ruhe und Gelassenheit, wirken Sie automatisch vertrauenswürdig und sympathisch. Ein kleiner, aber wirkungsvoller Trick: Versuchen Sie, sich die Augenfarbe Ihres Gesprächspartners bewusst einzuprägen. Wenn Sie diese später erwähnen, zeigen Sie damit nicht nur Aufmerksamkeit, sondern echtes Interesse an der Person – was sehr positiv aufgenommen wird.

Fragen Sie sich selbst: Wie empfinden Sie Menschen, die Sie bei einem Gespräch offen ansehen? Und wie reagieren Sie auf solche, die ständig wegschauen oder mit gesenktem Blick sprechen? Aufmerksamkeit und Interesse durch Blickkontakt zu zeigen, macht oft den kleinen, aber entscheidenden Unterschied im Gespräch.

2. Der erste Eindruck, Händedruck und Auftreten

Der erste Eindruck zählt – und das meist mehr, als uns bewusst ist:

- Er beeinflusst, wie alle weiteren Informationen über eine Person wahrgenommen werden.
- Er prägt die Deutung nachfolgender Eindrücke.
- Er kann dazu führen, dass spätere Eigenschaften gar nicht mehr richtig wahrgenommen werden.

- Er entscheidet darüber, ob wir jemanden sympathisch oder unsympathisch finden.

Ein selbstbewusstes Auftreten ist daher essenziell. Besonders wichtig ist auch der Händedruck bei der Begrüßung: Er sollte fest, aber nicht übertrieben kräftig sein – und vor allem trocken. Sicherlich haben Sie selbst schon Bekanntschaften gemacht, bei denen sich der Händedruck unangenehm schlaff oder viel zu energisch anfühlte. Finden Sie einen Mittelweg, der Stabilität und Freundlichkeit ausdrückt.

Neben der Körpersprache und dem Auftreten zählt auch, wie Sie das Gespräch eröffnen – ein souveräner Einstieg rundet den positiven Gesamteindruck ab.

3. Die Fuß-in-der-Tür-Technik – Kleine Bitten, große Wirkung

Ein bekannter psychologischer Trick zur gezielten Beeinflussung ist die sogenannte *Fuß-in-der-Tür*-Technik. Dabei bitten Sie zunächst um einen kleinen Gefallen, dem kaum jemand widersprechen wird. Sobald Ihr Gegenüber zugestimmt hat, ist es später wahrscheinlicher, dass er auch einer größeren Bitte nachkommt. Denn wer einmal Hilfe geleistet hat, sieht sich selbst als hilfsbereit – und möchte diesem Selbstbild treu bleiben.

Menschen, die etwas für Sie tun, bauen dadurch oft eine stärkere emotionale Bindung zu Ihnen auf. Sie empfinden ihre Hilfsbereitschaft als Bestätigung dafür, dass sie Sie mögen – und dieser Eindruck verfestigt sich weiter, wenn Sie sie dafür loben. Je öfter diese Person Ihnen hilft, desto mehr wächst auch Ihre Beziehung – auf Basis von Wertschätzung und gegenseitigem Vertrauen.

9.1 Wie bereite ich mich auf ein Gespräch vor?

Drei Minuten für effektivere Gespräche

Eine gute Vorbereitung ist die halbe Miete – das gilt besonders für Gespräche, bei denen Sie ein konkretes Ziel verfolgen. Im Alltag nehmen wir uns für viele Dinge Zeit zur Planung, nur nicht für Gespräche. Dabei unterschätzen wir oft, wie viel besser sie verlaufen könnten, wenn wir uns auch hier etwas vorbereiten würden. Denn es geht nicht um beiläufige Unterhaltungen, sondern um Gespräche mit einem bestimmten Zweck – sogenannte zielorientierte Gespräche.

Mit nur drei Minuten Vorbereitung können Sie sich nicht nur lange Nachbesprechungen, Missverständnisse oder unnötige Diskussionen ersparen, sondern auch bares Geld und wertvolle Zeit sparen. Kommen Ihnen folgende Gedanken nach einem Gespräch bekannt vor?

- „Eigentlich hätte ich wissen müssen, dass dieses Argument kommt."
- „Ich habe mich vom anderen um den Finger wickeln lassen."
- „Diese Zusage hätte ich lieber nicht gemacht."
- „Während des Gesprächs klang alles klar, jetzt bin ich völlig verwirrt."
- „Ich hätte viel mehr aus dem Gespräch herausholen können."

Mit ein wenig Vorbereitung wäre vieles davon vermeidbar gewesen.

Darum lohnt sich die Vorbereitung:

- Sie schaffen sich einen klaren und sicheren Rahmen für das Gespräch.
- Sie können sich emotional und inhaltlich auf Ihr Gegenüber einstellen und kommen präsenter im Gespräch an.

- Sie klären Ihre eigenen Ziele und können auch auf unvorhergesehene Wendungen besser reagieren.
- Sie finden leichter einen geeigneten Einstieg.
- Sie wissen, wann das Gespräch zu Ende ist – nämlich dann, wenn Ihr Ziel erreicht wurde.

Die Drei-Minuten-Vorbereitung im Überblick

Notieren Sie sich stichpunktartig:

- Was ist der Anlass des Gesprächs?
- Wie kam es dazu? Wer hat eingeladen, wie ist der Hintergrund?
- Was möchten Sie erreichen? Was ist Ihr realistisches Ziel, Ihr Idealfall – und was das Minimum, mit dem Sie zufrieden wären?
- Wie möchten Sie das Gespräch beenden, sobald Ihre Punkte geklärt sind?
- Wer ist Ihr Gesprächspartner, was treibt ihn an?
- Was könnten seine Interessen, Ziele oder typischen Argumente sein – und wie können Sie souverän darauf reagieren?
- Welche Formulierung nutzen Sie, um das Gespräch einzuleiten?

Am besten machen Sie sich diese Notizen direkt vor dem Gespräch. Wenn Sie bereits früher Zeit finden, sollten Sie Ihre Aufzeichnungen kurz vor dem Termin noch einmal durchlesen.

Wenn die Zeit drängt:

Auch bei einem spontanen Gespräch hilft es, für wenige Sekunden innezuhalten und sich klarzumachen:

- Aus welchem Grund führen Sie dieses Gespräch?
- Was möchten Sie konkret erreichen?
- Wie können Sie es bei Bedarf elegant beenden?

Mit dieser kleinen Investition in Ihre Gesprächsführung steigern Sie nicht nur Ihre Wirkung, sondern auch Ihre Ergebnisse – mit minimalem Aufwand.

Gespräche brauchen Zeit, Ruhe und ein gutes Umfeld

Wichtige Gespräche sollten nie zwischen Tür und Angel geführt werden. Nehmen Sie sich ausreichend Zeit und suchen Sie einen ungestörten Raum, in dem Sie sich voll auf Ihr Gegenüber konzentrieren können. Denn Gespräche entfalten ihre Wirkung nur dann richtig, wenn äußere Einflüsse nicht stören.

Das Umfeld beeinflusst jedes Gespräch

Bereiten Sie sich nicht nur auf das Thema, sondern auch auf die Umstände vor. Fragen Sie sich:

- Welche früheren Gespräche haben das jetzige Gespräch beeinflusst?
- Gibt es Erwartungen Dritter – wie Vorgesetzte, Partner oder Kollegen –, die im Hintergrund mitschwingen?
- Welche äußeren Rahmenbedingungen, wie gesetzliche Vorgaben oder interne Regeln, spielen eine Rolle?

Klare Zielsetzung – was wollen Sie erreichen?

Ein Gespräch ohne Ziel verläuft oft im Sand. Machen Sie sich deshalb bewusst: Warum führen Sie das Gespräch? Möchten Sie Ihre Gedanken loswerden, ein Feedback erhalten, zu einer Handlung bewegen oder eine konkrete Entscheidung bewirken?

Überlegen Sie sich drei Dinge im Vorfeld:

1. **Ihr Wunschziel** – was wäre das optimale Ergebnis?
2. **Ihr Mindestziel** – was möchten Sie auf jeden Fall erreichen?
3. **Ihr Gesprächsabbruch** – wann ist der Punkt erreicht, an dem ein Fortsetzen keinen Sinn mehr ergibt?

Wenn Ihr Mindestziel nicht erreicht wird, können Sie das Gespräch freundlich abbrechen und ein Folgetreffen vorschlagen.

Manchmal ist ein Abbruch sinnvoll

Läuft das Gespräch aus dem Ruder, ist es besser, es nicht weiter zu führen. Gönnen Sie sich eine Pause, sammeln Sie sich und bereiten Sie sich in Ruhe auf einen zweiten Anlauf vor.

Ein Neustart ist jederzeit möglich

Auch wenn ein Gespräch völlig schiefläuft, bedeutet das nicht das Ende. Sie können jederzeit einen neuen Versuch starten. Mit einer durchdachten Herangehensweise und etwas Abstand lässt sich vieles wieder ins Lot bringen.

Ziel erreicht? Dann ist es Zeit, aufzuhören

Ein häufiger Fehler: Das Gespräch geht weiter, obwohl das Ziel längst erreicht wurde – und das kann das gute Ergebnis wieder zerstören. Beenden Sie das Gespräch, sobald Sie dort sind, wo Sie hinwollten. Wenn das Ziel erreicht ist, gibt es keinen besseren Moment für einen Abschluss.

9.2 Wie leite ich das Gespräch zu meinen Gunsten?

Beachten Sie folgende Grundsätze, um Gespräche wirkungsvoll zu beeinflussen:

• Vorbereitung ist das A und O

Ob das Gespräch harmonisch oder angespannt verläuft, lässt sich im Vorfeld oft nicht genau sagen. Umso wichtiger ist eine gründliche Vorbereitung. Informieren Sie sich über die Interessen, Bedürfnisse und Ziele Ihres Gesprächspartners. Überlegen Sie sich, welche Argumente er vorbringen könnte, und bereiten Sie passende Reaktionen und Gegenargumente vor. Versetzen Sie sich gedanklich in seine Lage – so erkennen Sie besser, wie er denkt und fühlt.

• Emotionen sind der Schlüssel

Ein Gesprächspartner, der in schlechter Stimmung ist, wird kaum offen für Argumente sein. Vielmehr könnte er Sie als Störung wahrnehmen. Bringen Sie ihn deshalb emotional auf Ihre Seite: Starten Sie mit einem Thema, das ihm Freude bereitet – etwa gemeinsame Interessen oder positive Erlebnisse. Das schafft ein angenehmes Gesprächsklima und öffnet die Tür für Ihre Anliegen.

• Fragen statt überzeugen

Wenn Ihr Gegenüber spürt, dass Sie ihn überreden wollen, wird er schnell auf Abwehr schalten. Deshalb: Vermeiden Sie direkte Überzeugungsversuche. Stellen Sie lieber offene Fragen – wie „Was ist Ihnen dabei wichtig?" oder „Warum bevorzugen Sie diese Lösung?" So geben Sie Ihrem Gesprächspartner das Gefühl, selbst zu entscheiden. Das stärkt seine Bereitschaft zur Kooperation.

• Argumentieren aus seiner Sicht

Vermeiden Sie den Fehler, nur Ihre eigenen Vorteile zu betonen. Stattdessen sollten Sie zeigen, wie Ihre Vorschläge die Ziele und Wünsche Ihres Gegenübers unterstützen. Ihre Argumentation muss sich an seiner Sichtweise orientieren. Wenn er Kritik äußert, bleiben Sie ruhig und vermeiden Sie Streit. Lassen Sie ihn ausreden – das zeigt Respekt und gibt Ihnen Zeit, über Ihre Antwort nachzudenken. Offene Schwächen dürfen Sie ruhig eingestehen – solange Sie überzeugende Vorteile dagegenstellen können.

• Schweigen als Taktik

Verfallen Sie nicht in den Drang, jede Gesprächspause füllen zu müssen. Wenn Ihr Gesprächspartner zustimmt, lassen Sie es wirken. Weitere Argumente könnten den positiven Eindruck sogar gefährden und Zweifel säen. Zeigen Sie sich zufrieden – oft ist Schweigen nach Zustimmung der beste Abschluss.

9.2.1 Ein Gespräch in vier Phasen erfolgreich gestalten:

1. Phase – Aufbau einer emotionalen Verbindung

Versuchen Sie, die Stimmung Ihres Gesprächspartners wahrzunehmen. Achten Sie auf Körpersprache, Tonfall und Mimik, um ein Gefühl dafür zu bekommen, wie er sich fühlt. Zeigen Sie Empathie und Verständnis – selbst dann, wenn es Ihnen schwerfällt. Nur wenn Ihr Gegenüber das Gefühl hat, verstanden zu werden, kann eine echte Gesprächsbasis entstehen. Ohne emotionale Verbindung wird aus dem Austausch keine zielführende Kommunikation.

2. Phase – Klärung der Inhalte

Stellen Sie jetzt sachbezogene Fragen, um die Faktenlage zu erfassen. Anschließend lassen Sie Ihren Gesprächspartner mindestens eine Minute ungestört sprechen. Unterbrechen Sie ihn nicht – das ist ein häufiger Fehler. Viele Menschen fühlen sich nicht ernst genommen, wenn man sie vorzeitig abwürgt. Hören Sie aktiv zu und lassen Sie Argumente vollständig vortragen. Natürlich gibt es Ausnahmen, etwa wenn jemand zu sehr abschweift – aber auch dann sollten Sie freundlich und gezielt unterbrechen.

3. Phase – Konkrete Vereinbarungen treffen

Am Ende des Gesprächs sollten klare Absprachen getroffen worden sein – auf beiden Seiten. Definieren Sie, was als Nächstes passiert, wer welche Aufgabe übernimmt, und legen Sie konkrete Termine oder Fristen fest. Ein Gespräch ohne Ergebnis führt oft zu Missverständnissen oder unnötigen Folgegesprächen.

4. Phase – Gespräch positiv abschließen

Wenn inhaltlich alles geklärt ist, beenden Sie das Gespräch auf emotionaler Ebene. Gehen Sie mit einem freundlichen Ton und einem Lächeln aus dem Gespräch. Zeigen Sie durch Ihre Haltung Wertschätzung – unabhängig davon, wie anstrengend die Unterhaltung war. So verknüpft Ihr Gesprächspartner die getroffenen Lösungen mit einem positiven Gefühl und der Austausch bleibt in guter Erinnerung.

9.2.2 Die richtige Begrüßung – So setzen Sie den positiven Ton

Ein gelungener Gesprächsbeginn ist oft der Schlüssel für einen erfolgreichen Verlauf. Achten Sie dabei auf folgende Punkte:

- Richten Sie Ihre volle Aufmerksamkeit auf Ihr Gegenüber. Blenden Sie eigene Gedanken und Sorgen für diesen Moment aus.
- Begrüßen Sie Ihr Gegenüber mit einem offenen Lächeln. Das wirkt einladend und sympathisch.
- Stellen Sie Blickkontakt her und halten Sie diesen bewusst. Schauen Sie dem Gesprächspartner ins Gesicht – aber nicht starr, sondern freundlich und aufmerksam. Wenn Sie ständig in der Gegend umherblicken, wirkt das desinteressiert.
- Starten Sie mit einer freundlichen, persönlichen Begrüßung. Sagen Sie zum Beispiel: „Schön, Sie kennenzulernen" oder „Wie schön, Sie wiederzusehen."

9.2.3 Praktische Tipps für eine gelungene Gesprächsführung

Wenn Sie die folgenden Hinweise beherzigen, schaffen Sie eine Gesprächsatmosphäre, in der echter Austausch möglich ist:

- Hören Sie aktiv zu. Eine gute Faustregel: 70 % zuhören, 20 % dem Gesprächspartner aktiv Aufmerksamkeit schenken, 10 % selbst sprechen.

- Achten Sie auf Körpersprache und Mimik. Diese verraten oft mehr als Worte.
- Lesen Sie zwischen den Zeilen. Auch das, was nicht gesagt wird, kann viel über Gedanken oder Gefühle aussagen.
- Sichern Sie Ihr Verständnis regelmäßig ab. Wiederholen Sie das Gehörte in eigenen Worten oder fragen Sie nach, ob Sie etwas richtig verstanden haben.
- Bereiten Sie sich bei schwierigen Gesprächen gut vor. Klären Sie für sich: Was ist Ihr Ziel? Wo steht der Gesprächspartner? Und wie kommen Sie von A nach B?
- Gehen Sie auf die Anliegen Ihres Gegenübers ein. Nur wenn Sie seine Bedürfnisse ernst nehmen, wird er auch bereit sein, Ihre Interessen zu berücksichtigen.
- Fassen Sie am Ende die Ergebnisse zusammen. Das sorgt für Klarheit und hilft, Missverständnisse zu vermeiden.
- Zeigen Sie echtes Interesse an den Sichtweisen Ihres Gesprächspartners. Fragen Sie nach und lassen Sie ihn zu Wort kommen.
- Bleiben Sie authentisch. Zeigen Sie ruhig Ihre Schwächen – das schafft Nähe und Vertrauen.

Aktiv Zuhören – Der Schlüssel zu besseren Gesprächen

Effektive Gespräche beruhen auf der Fähigkeit, wirklich zuzuhören. So gelingt es Ihnen:

1. Bleiben Sie mit Ihrer Aufmerksamkeit ganz beim Gespräch. Vermeiden Sie Ablenkungen und halten Sie Blickkontakt.
2. Zeigen Sie Ihr Interesse nonverbal. Ein freundliches Lächeln oder zustimmendes Nicken signalisiert Aufmerksamkeit.
3. Lassen Sie Ihr Gegenüber ausreden. Unterbrechungen wirken respektlos und zerstören den Gesprächsfluss.
4. Fassen Sie Gehörtes zusammen. Wiederholen Sie das Wesentliche – so zeigen Sie, dass Sie aufmerksam zugehört haben.

5. Fragen Sie nach, wenn etwas unklar ist. So vermeiden Sie Missverständnisse und zeigen Wertschätzung für das Gespräch.

9.2.4 Ein Gespräch wirkungsvoll beenden

So gelingt Ihnen ein professionelles und gleichzeitig wertschätzendes Gesprächsende:

- Lassen Sie Ihren Blick langsam durch den Raum wandern. Dies signalisiert dezent, dass Ihre Aufmerksamkeit sich vom Gespräch löst.
- Nehmen Sie persönliche Dinge zur Hand. Ob Brille, Tasche oder Notizblock – wenn Sie beginnen, Ihre Sachen zu ordnen, versteht Ihr Gegenüber, dass das Gespräch dem Ende zugeht.
- Fassen Sie das Gespräch zusammen. Wiederholen Sie die wichtigsten Punkte oder – falls kein konkretes Ergebnis vorliegt – nutzen Sie abschließende Formulierungen wie: „Dann lassen wir das so stehen." Im beruflichen Kontext sollten Sie den nächsten Schritt benennen, etwa: „Wir senden Ihnen bis Freitag das Angebot zu."
- Beenden Sie das Gespräch mit Blickkontakt und einem Lächeln. Bedanken Sie sich für das Gespräch, zum Beispiel mit: „Vielen Dank für das angenehme Gespräch." Achten Sie dabei nochmals bewusst auf Ihr Gegenüber – der letzte Eindruck zählt genauso wie der erste.

Namen verwenden – mit Fingerspitzengefühl

Wenn Sie jemanden zum ersten Mal sprechen, nennen Sie hin und wieder seinen Namen im Gespräch. Etwa: „Was halten Sie von dem neuen Café, Herr Schulz?"

- Das hilft Ihnen, sich den Namen besser zu merken.
- Es stärkt die persönliche Verbindung, denn Menschen hören ihren eigenen Namen besonders gern.

Vermeiden Sie es jedoch, den Namen zu häufig zu wiederholen – das kann gekünstelt wirken und vom eigentlichen Gespräch ablenken.

9.3 Die wirkungsvollsten Fragetechniken

Es gibt keine pauschal beste Fragetechnik – welche Methode in einer konkreten Gesprächssituation sinnvoll ist, hängt von mehreren Faktoren ab. Entscheidend sind dabei die Art Ihrer Beziehung zum Gesprächspartner, die Gesprächsatmosphäre, das Ziel Ihrer Unterhaltung, die bisherigen Gesprächsinhalte sowie Ihr Weg, wie Sie Informationen gewinnen oder Ihr Ziel erreichen möchten.

Wenn Sie sich ausschließlich auf eine Art der Fragestellung verlassen, werden Sie rasch an Ihre Grenzen stoßen. Um gezielt, flexibel und wirkungsvoll Fragen stellen zu können, brauchen Sie ein Repertoire verschiedener Techniken, die Sie je nach Situation einsetzen.

Grundsätzlich lassen sich Fragen in zwei Hauptformen unterteilen, beide mit eigenen Stärken und Schwächen:

Geschlossene Fragen

Diese Fragen zielen auf kurze Antworten wie „Ja" oder „Nein" ab. Sie lassen wenig Raum zur Interpretation, bringen aber schnell Klarheit und konkrete Informationen. Zudem können sie dazu verwendet werden, Gespräche gezielt zu steuern oder auf den Punkt zu bringen.

Offene Fragen

Im Gegensatz dazu lassen offene Fragen dem Gesprächspartner mehr Spielraum zur Antwort. Typisch sind W-Fragen: *Was, wie, wo, warum, wann, welche* usw. Solche Fragen regen zum Erzählen an, fördern ausführliche Antworten und geben Einblick in Gedanken, Meinungen und Emotionen Ihres Gegenübers. Sie eignen sich besonders, wenn Sie mehr über die

Sichtweise Ihres Gesprächspartners erfahren wollen.

Diese beiden Fragetechniken bilden die Basis, auf der weitere Methoden aufbauen. Im Folgenden lernen Sie wichtige Frageformen kennen, die Ihnen helfen, ein Gespräch zu strukturieren, zu vertiefen oder gezielt zu steuern.

Wichtig: Es geht nicht darum, einfach wahllos verschiedene Fragen aneinanderzureihen. Wer das Gespräch wie ein Fragekatalog führt, wirkt schnell unnatürlich und steif – und verliert die Sympathie des Gegenübers.

Übung macht den Unterschied: Wählen Sie zunächst einzelne Fragetechniken aus und üben Sie deren gezielten Einsatz. Bauen Sie sie langsam und passend in Ihre Gespräche ein. Mit der Zeit werden Sie sicherer und entwickeln ein feines Gespür dafür, wann welche Fragetechnik sinnvoll ist.

Fragetechnik: Gesprächseinstieg mit Bedacht

In vielen Fällen ist es nicht ratsam, sofort mit dem Hauptanliegen in ein Gespräch einzusteigen. Statt direkt zur Sache zu kommen, bietet es sich an, mit einer lockeren Einstiegsfrage zu beginnen. Fragen Sie etwa, wie der Tag Ihres Gegenübers bislang verlaufen ist, ob es zu den geplanten Themen noch offene Punkte gibt oder wobei Sie aktuell unterstützen können.

Diese Form des Einstiegs wirkt angenehm und zurückhaltend. Sie vermeiden es, dem Gesprächspartner eine Richtung aufzuzwingen, und geben ihm stattdessen Raum, eigene Themen zu platzieren. Gleichzeitig verschaffen Sie sich wertvolle Einblicke: Was beschäftigt Ihr Gegenüber? Welche Anliegen sind ihm wichtig? Und worauf können Sie im weiteren Gesprächsverlauf eingehen?

Fragetechnik: Hypothetische Fragen

Hypothetische Fragen regen zum Nachdenken an und eröffnen

neue Blickwinkel. Dabei geht es nicht um eine direkte Lösung, sondern vielmehr um ein kreatives Gedankenexperiment. Sie entwerfen eine theoretische Ausgangslage und beobachten, wie Ihr Gesprächspartner darauf reagiert.

Ein klassisches Beispiel: *„Wie würden Sie die Situation angehen, wenn Sie unbegrenzte Mittel zur Verfügung hätten?"* – Auch wenn dieser Zustand unrealistisch ist, kann die Antwort wertvolle Hinweise liefern: auf Prioritäten, Ideale oder bisher ungedachte Lösungsansätze.

Fragetechnik: Paradoxe Fragen

Diese Technik regt dazu an, ein Problem von der Gegenseite zu betrachten. Anstatt nach Verbesserungsmöglichkeiten zu suchen, wird die Frage gestellt, wie man eine Situation aktiv verschlechtern könnte. So absurd es klingt – diese Umkehrung kann überraschend aufschlussreich sein.

Ein Beispiel: *„Was müssten wir tun, damit dieses Projekt garantiert scheitert?"* – Die daraus entstehenden Antworten zeigen oft unbewusst, welche Faktoren den Erfolg sichern und worauf besonders geachtet werden muss.

Fragetechnik: Rückfragen stellen

Rückfragen gehören zu den einfachsten, aber oft unterschätzten Werkzeugen guter Gesprächsführung. Anstatt eine Antwort einfach hinzunehmen, greifen Sie eine Aussage auf und bitten um eine genauere Erklärung oder ein Beispiel. Sie können auch gezielt nachhaken, wenn Ihnen etwas unklar erscheint.

Dadurch zeigen Sie echtes Interesse, fördern die Tiefe des Gesprächs und helfen, Missverständnisse zu vermeiden. Gleichzeitig schaffen Sie Raum für weitere Informationen, die Ihnen sonst möglicherweise verborgen geblieben wären.

Fragetechnik: Zirkuläre Fragen

Zirkuläre Fragen haben nicht das Ziel, ein Gespräch im Kreis zu führen – ganz im Gegenteil. Sie helfen dabei, neue Perspektiven zu eröffnen, indem sie Ihr Gegenüber dazu anregen, einen Standpunkt aus einer anderen Sichtweise zu betrachten. Wenn jemand zu sehr an der eigenen Meinung festhält, kann ein Perspektivwechsel oft Türen öffnen.

Beispielhafte Fragen wären: *„Wie würde Ihre Kollegin die Situation einschätzen?"* oder *„Was meinen Sie, würde Ihr Chef an dieser Stelle tun?"* Diese Technik führt dazu, dass sich Ihr Gesprächspartner gedanklich in eine andere Person hineinversetzt – und das kann helfen, festgefahrene Sichtweisen zu lockern.

Fragetechnik: Zukunftsorientierte Fragen

Zukunftsfragen lenken das Gespräch auf konkrete Handlungen, die als nächster Schritt folgen sollten. Sie sind entscheidend, wenn es darum geht, Ergebnisse zu erzielen und Projekte oder Ideen in die Tat umzusetzen. Ohne sie bleibt ein Gespräch oft abstrakt und unverbindlich.

Ein gutes Beispiel: *„Wie wollen wir ab hier gemeinsam weiter vorgehen?"* oder *„Was wären Ihrer Meinung nach die nächsten sinnvollen Schritte?"* Solche Fragen schaffen Klarheit und geben der Unterhaltung eine greifbare Richtung – mit dem Ziel, Theorie in Praxis zu verwandeln.

Fragetechnik: Gefühlsfragen

Gespräche bestehen nicht nur aus Informationen, Argumenten und Fakten. Emotionen sind genauso bedeutend – gerade, wenn es um Vertrauen und zwischenmenschliche Verständigung geht. Gefühlsfragen eröffnen die Möglichkeit, auch die emotionale Ebene Ihres Gegenübers zu erfassen.

Fragen wie *„Wie fühlen Sie sich in Bezug auf diese*

Entscheidung?" oder *„Was macht Ihnen in dieser Situation besonders zu schaffen?"* zeigen echtes Interesse. Wichtig ist, dass diese Fragen ehrlich gemeint sind. Nur so entsteht eine Verbindung, die auf gegenseitigem Verständnis und Vertrauen beruht.

Fragetechnik: Begründungsfragen

Ergebnisse darzustellen ist einfach – doch was meist viel mehr zählt, ist das „Warum" dahinter. Begründungsfragen zielen genau auf diesen Aspekt ab. Sie fordern Ihr Gegenüber dazu auf, Entscheidungen oder Handlungen zu hinterfragen und die dahinterliegenden Beweggründe offenzulegen.

Oft genügt bereits eine einfache, aber gezielt eingesetzte Frage wie: *„Warum?"* Wenn sie ernsthaft gestellt wird, regt sie zur Reflexion an – und bringt oft erstaunlich ehrliche Antworten hervor, die auch Dritte nachvollziehen können.

Fragetechnik: Vergleichsfragen

Gerade in schwierigen oder unübersichtlichen Situationen kann ein Vergleich helfen, den Ernst der Lage besser einzuschätzen. Vergleichsfragen bieten eine Orientierung, indem sie eine bekannte oder bereits bewältigte Situation als Maßstab heranziehen.

Ein mögliches Beispiel: *„Wie würden Sie die aktuelle Lage auf einer Skala von eins bis sechs einordnen – im Vergleich zu dem Projekt im letzten Quartal?"* Auf diese Weise lässt sich die Komplexität eines Problems verständlicher einordnen.

Fragetechnik: Lösungsorientierte Fragen

Probleme werden häufig ausführlich besprochen – doch Lösungen geraten dabei leicht in den Hintergrund. Um gezielt zu einem Ergebnis zu kommen, braucht es Fragen, die auf mögliche Lösungen fokussieren.

Lösungsorientierte Fragen lenken das Gespräch in eine konstruktive Richtung: *„Was wäre Ihrer Meinung nach ein machbarer nächster Schritt?"* oder *„Welche Ideen zur Verbesserung sehen Sie?"* Diese Art von Fragen motiviert zum Nachdenken und fördert eine aktive Problemlösung.

Schlusswort

Nun verfügen Sie über ein solides Fundament zum Thema Smalltalk. Sie wissen nun, worum es sich dabei handelt, welche Gesprächseinstiege sinnvoll sind, wie man sich elegant verabschiedet und welche Mittel zur bewussten oder unbewussten Beeinflussung in Gesprächen eingesetzt werden können. Natürlich ließe sich noch vieles weiter vertiefen – doch Smalltalk lebt gerade von seiner Leichtigkeit.

Vielleicht haben Sie bereits erste Gespräche geführt, um herauszufinden, welche Themen Ihnen besonders liegen. In diesem Buch wurden Ihnen viele Anregungen gegeben, aus denen Sie die für Sie passenden auswählen können. Wenn ein Thema nicht gut funktioniert hat, probieren Sie einfach ein anderes – mit der Zeit werden Sie spüren, was zu Ihnen passt.

Es ist völlig in Ordnung, wenn dabei nicht alles auf Anhieb gelingt. Fehler sind Teil des Lernprozesses. Je mehr Sie sich in Gesprächen üben, desto souveräner werden Sie auftreten – ganz gleich in welchem Umfeld.

Sie haben nun das Ende dieses Buches erreicht, doch Ihr persönlicher Weg zum gelungenen Smalltalk beginnt gerade erst. Vielen Dank, dass Sie bis hierhin gelesen haben – und nun wünsche ich Ihnen viele angenehme, spannende und erfolgreiche Gespräche!

www.ingramcontent.com/pod-product-compliance
Lightning Source LLC
Chambersburg PA
CBHW071003220526
45468CB00011B/759